L'AGRICULTURE

ENSEIGNÉE PAR

LA GRAMMAIRE

A L'USAGE DES ÉCOLES RURALES

PAR

M. JEAN

ANCIEN INSTITUTEUR, ÉLÈVE DE J. BODIN.

« Si l'enseignement primaire ne s'appuie
pas sur l'agriculture, il aura pour résultat
de faire déserter les campagnes.
« Si l'instituteur donne une éducation où
il ne soit pas question d'agriculture ; si ses
exemples de grammaire et d'arithmétique ne
sont pas agricoles en quelque sorte, j'aime
mieux qu'il laisse nos petits agriculteurs
dans l'ignorance. »

J. BODIN.

PARIS

(ÉDITIONS DEZOBRY ET MAGDELEINE)

Fd TANDOU ET Cie, LIBRAIRES-ÉDITEURS

RUE DES ÉCOLES, 78

L'AGRICULTURE

ENSEIGNÉE

PAR LA GRAMMAIRE

A L'USAGE DES ÉCOLES RURALES

Tout Exemplaire de cet ouvrage non revêtu de notre griffe sera réputé contrefait.

PARIS. — IMP. W. REMQUET, GOUPY ET Cᵉ, RUE GARANCIÈRE, 5.

L'AGRICULTURE

ENSEIGNÉE PAR

LA GRAMMAIRE

A L'USAGE DES ÉCOLES RURALES

PAR

M. JEAN,

ANCIEN INSTITUTEUR, ÉLÈVE DE J. BODIN.

« Si l'enseignement primaire ne s'appuie pas sur l'agriculture, il aura pour résultat de faire déserter les campagnes.

« Si l'instituteur donne une éducation où il ne soit pas question d'agriculture; si ses exemples de grammaire et d'arithmétique ne sont pas agricoles en quelque sorte, j'aime mieux qu'il laisse nos petits agriculteurs dans l'ignorance. »

J. BODIN.

PARIS

ÉDITIONS DESOBRY

Fd TANDOU ET Cie, LIBRAIRES-ÉDITEURS

78, RUE DES ÉCOLES.

—

1863

A

M. J. BODIN,

DIRECTEUR DE L'ÉCOLE D'AGRICULTURE DE RENNES,

MON MAITRE EN AGRICULTURE.

LETTRE

DE M. BODIN A L'AUTEUR.

En appuyant vos principes de grammaire sur de simples notions d'agriculture, vous avez réalisé une idée que nous émettons depuis longtemps.

Conserver les enfants de la campagne aux travaux des champs qui les rendent plus heureux que la plupart des autres professions, c'est leur rendre service, ainsi qu'à la société tout entière.

Il faut, pour atteindre ce but, une instruction appropriée à l'agriculture; il faut relever cette belle industrie en donnant de bons principes aux enfants dès l'école primaire. Alors les autres professions ne leur apparaîtront plus comme un mirage trompeur qu'ils doivent chercher à atteindre.

C'est l'instituteur qui est chargé de cette utile mission, c'est à son humble enseignement que nous demandons aide.

Je vous remercie donc pour l'agriculture. Vous êtes entré le premier dans la bonne voie en basant votre enseignement sur de bons principes agricoles.

J. BODIN,

Directeur de l'École d'agriculture de Rennes.

1er mai 1863.

A L'ÉDITEUR

MONSIEUR,

J'ai souvent regretté de n'avoir pas pour mes élèves, enfants de la campagne, des exercices d'orthographe et de grammaire à leur portée.

J'aurais voulu leur apprendre à parler des choses qui les occupent, à écrire les mots qu'ils emploient tous les jours.

J'ai pensé à faire ce livre qui me manquait.

Il m'a semblé que des phrases détachées sont toujours arides ; j'ai essayé de faire, autant que possible, de petits tableaux, des récits d'une certaine étendue.

J'ai pris pour thèmes les travaux de l'année dans l'ordre où ils se succèdent. Je les ai décrits, autant que j'ai pu, de manière à y placer des exemples et des exercices gradués pour les principales règles de la grammaire et de l'orthographe.

J'ai cru devoir mettre en tête de chaque exercice la règle qui s'y trouve spécialement appliquée, je l'ai exprimée comme un fait plutôt que comme une définition abstraite.

Par exemple, au lieu de dire : « L'adjectif est un mot que l'on ajoute au substantif pour exprimer la qualité, la manière d'être d'une personne ou d'une chose, » j'ai dit, ne parlant d'abord que de l'adjectif qualificatif : « On peut ajouter au nom un mot qui exprime une qualité bonne ou mauvaise. Ce mot s'appelle adjectif, ce qui signifie *ajouté*, parce que l'adjectif ne s'emploie jamais qu'*ajouté* au substantif. »

Je sais que ce n'est pas rigoureusement exact comme les définitions de l'Académie ou des grammaires savantes, mais je crois que c'est suffisant.

Il m'a semblé que faire plusieurs sortes d'études sur le même exercice a, entre autres avantages, celui de mieux fixer dans la mémoire l'orthographe des mots qu'il contient.

En essayant ce travail, j'ai cru rendre service aux enfants et aux maîtres. Si je me suis trompé, nous n'en ferons pas un livre ; mais je vous prie de vouloir bien l'étudier uniquement au point de vue des écoles de village.

J'ai l'honneur d'être,

Monsieur,

Votre humble serviteur.

JEAN,
ancien Instituteur rural.

L'AGRICULTURE

ENSEIGNÉE

PAR LA GRAMMAIRE

A L'USAGE DES ÉCOLES RURALES

LE NOM.

Tous les mots qui servent à nommer s'appellent des *noms*. *Ex.* : une *vache*, un *chêne*.

DEVOIRS.

1. Copier le premier exercice.
2. Souligner (faire un trait sous) les *noms* qui se trouvent dans cet exercice.
3. Écrire tous les *noms* du premier exercice.
4. Écrire tous les *noms* du deuxième exercice.

PREMIER EXERCICE.
LES VACHES AU PATURAGE.

Le berger Michel fait claquer son fouet ; il siffle joyeusement en gardant les vaches dans la prairie.

Les veaux gambadent autour de leurs mères ; les génisses font des bonds de joie.

Les agneaux et les brebis courent toujours, tout en broutant l'herbe et les fleurs encore humides de la rosée du matin.

Mathurin passe en chantant ; il va plus loin conduire ses bœufs au labour.

La fermière Marie revient déjà de vendre du lait et du beurre au marché de la ville.

Sa petite fille Jeannette tantôt la suit en tenant le bas de son tablier, tantôt va s'écartant pour cueillir le long des haies et des fossés la petite pâquerette qui fleurit en toute saison, ou les mûres qui pendent en grappes noires aux branches des ronces.

La fermière traverse le pré où Michel garde ses vaches avec le secours de son chien Fidèle.

1.

— Berger, dit-elle en passant, tes vaches sont maigres en ce mois. Ton maître a oublié de semer des vesces ou du maïs pour les nourrir quand les trèfles sont secs.

— Ah ! répond Michel, il vous est aisé de critiquer mes vaches maigres, parce que les vôtres mangent de la luzerne à plein râtelier. Mais la luzerne ne veut pas venir dans nos champs, qui sont trop gras ; elle les laisse pour le grain qui nourrit le monde, et elle a raison. Votre luzerne ne nous donnera pas du pain.

— Mes vaches n'ont point du fourrage à *pleines fourchées*, reprit la fermière. J'ai des garçons d'ordre qui les rationnent suivant la taille et le poids de chacune. Les petites bêtes ne mangent que trente kilogrammes par jour, et les plus grosses que soixante kilogrammes. Il est vrai que la luzerne ne viendrait pas dans tes champs de terre forte sans de bons labours et plus d'une charretée de sablon calcaire ou de marne. Mais tu es dans l'erreur quand tu crois que les fourrages ne donnent pas du pain. Ils nourrissent les bestiaux qui font du fumier pour faire pousser le grain.

Le berger se mit à siffler son chien, ne trouvant pas une bonne réponse.

La métayère appela l'enfant qui arrachait des brins de jonc au bord du ruisseau, et elles continuèrent leur route en toute hâte pour arriver à la ferme avant l'heure où les servantes, ayant fini le ménage, prennent la fourche sur l'épaule pour aller retourner les regains au soleil.

Noms propres.

Les noms particuliers d'hommes, de femmes, d'animaux, de pays, de rivières, de montagnes, etc., sont appelés *noms propres*. Ils commencent toujours par une lettre majuscule. *Ex. : Jean, Marie.*

DEVOIRS.

5. Copier le deuxième exercice.

6. Souligner les *noms propres* du deuxième exercice.

7. Écrire les *noms propres* du premier exercice et du deuxième.

8. Écrire dans une colonne tous les *noms propres* du deuxième exercice et dans une autre colonne tous les autres *noms*.

DEUXIÈME EXERCICE.

PLUS DE PATURAGE.

Michel cependant allait d'une vache à l'autre pour examiner si elles étaient toutes aussi maigres qu'avait dit la fermière Marie.

— C'est vrai, pensait-il : Minette a peu de chair ; Flamande a la queue bien dégarnie ; Ketly a les côtés comme des paniers.

Mais voilà que Fidèle se met à aboyer vers la grande route. C'est que Brunette s'écartait comme pour sortir du pâturage, tandis qu'un soldat l'appelait en restant appuyé près de la barrière.

Bientôt le soldat s'approcha de la vache en la nommant par son nom, il la caressa ; il l'embrassait, et Brunette lui léchait les mains.

— Bonjour, Michel, dit le soldat. Tu ne me reconnais pas, l'ami ; je suis Pierre Rigaud, du village de Brécé.

— Ah ! si fait, je vous connais bien, répondit Michel, vous êtes le fils du père Rigaud. J'ai vu hier votre tante Madeleine, qui revenait de la foire de Vire, et votre cousin Jean, qui allait au concours à Meslé avec René Sagé et Jacques Perrin.

— Brunette m'avait reconnu avant toi, interrompit Pierre. C'est que je la menais aux champs quand il faisait trop froid pour ma sœur Marguerite, et je la soignais si bien tous les jours. Pourquoi l'ont-ils vendue à ton maître Mathurin ?

— Je ne sais pas, dit Michel. Mais vous, Pierre le soldat, pourquoi revenez-vous donc sitôt ? votre oncle Mariot disait que vous en aviez pour sept ans.

— C'est que j'ai été blessé en Italie, berger. Mais tu ne sais pas ce que c'est que l'Italie, ni Rome où demeure le pape Pie IX, ni la rivière du Tibre, ni les montagnes des Alpes et celles des Apennins, qui sont vingt fois plus hautes que les tours de Notre-Dame à Paris.

— Ont-ils de belles vaches dans ces pays-là ? demanda Michel.

— Si tu veux que je te parle de vaches, camarade, j'en ai vu à la maison de Mettray, près de la ville de Tours en

France, avant d'aller à Bordeaux et à Marseille. C'est là qu'il
y a des vaches de tous les pays : d'Angleterre, d'Écosse,
d'Afrique, de Bretagne, de Jersey, qui est une île dans
le détroit de la Manche, entre l'Angleterre et la France.
Toutes ces vaches-là ont leur nom écrit au-dessus de leur
tête dans l'étable. Tiens, il y en a qui s'appellent : Alexan-
drine, Junon, Fanchette, Artémise. Les bœufs se nomment :
Bruno, Jupiter, Jean-Jacques. Mais ce qu'il y a de plus beau,
c'est que toutes ces bêtes-là ne sortent jamais de l'étable ;
et elles sont propres, elles ont le poil luisant, et elles sont
plus grasses que les tiennes.

— Pas possible qu'elles se portent bien si elles ne sortent
jamais, se récria Michel. La mère Brigitte a été malade rien
que pour être restée un mois sans prendre l'air pendant
qu'elle soignait sa fille Jeanne, qui s'était cassé l'épaule en
revenant du bourg de Betton.

— Ce n'est pas la même chose pour les vaches, expliqua
Pierre, d'abord parce qu'elles ne s'ennuient pas à penser
pendant qu'elles sont à rien faire ; puis elles n'ont pas
l'estomac comme nous, à ce qu'ils disent. Quand elles sont
bien tranquilles, elles sont plus à l'aise pour ruminer ce
qu'elles ont mangé : elles ne perdent pas de temps à courir
pour chaque bouchée, elles ne foulent point l'herbe avec
leurs pieds. Enfin, Mathieu de Dombasle, qui était un habile
agriculteur demeurant à Nancy en Lorraine, a calculé qu'il
faut bien moins de terre en fourrages pour nourrir des bêtes
à l'étable qu'au pâturage, et, en outre, on fait comme cela
une plus grande quantité de fumier.

Mais bonjour, Michel, ajouta le soldat, me voilà reposé.
Je m'en vais tout droit au village de Coulons embrasser la
famille. Je serais content si j'emmenais Brunette, qui m'a si
bien dit bonjour à l'arrivée.

Noms communs.

Les noms qui ne sont pas des noms propres, c'est-à-
dire les noms qui conviennent à toutes les choses de la
même espèce, sont des *noms communs*.

REMARQUE. Voici un moyen de reconnaître les *noms communs* :

ils peuvent tous se placer après un des cinq petits mots suivants : *un, une, le, la, les*. *Ex.* : Une *vache*, un *fermier*, le *lait*, la *fermière*, les *bœufs*.

DEVOIRS.

9. Souligner les *noms communs* du premier exercice.

10. Écrire les *noms communs* du premier exercice en mettant devant chaque *nom* un des mots *un, une, le, la, les*. *Ex.* : Une *vache*, le *fermier*, les *bœufs*, etc.

Le masculin et le féminin dans les noms.

Les noms d'hommes sont du genre *masculin*. Les noms de femmes sont du genre *féminin*. Pour les noms de choses, l'usage indique lesquels sont masculins et lesquels sont féminins.

REMARQUE. Tous les noms communs devant lesquels on peut mettre *un* ou *le* sont masculins.

Tous les noms communs devant lesquels on peut mettre *une* ou *la* sont féminins.

DEVOIRS.

11. Copier le troisième exercice.

12. Souligner les noms de ce troisième exercice.

13. Faire deux traits sous les noms *féminins*.

14. Écrire les noms *communs masculins* du même exercice, en mettant devant chacun de ces noms : *un* ou *le*. *Ex.* : Un *fermier*, le *champ*.

15. Écrire les noms *communs féminins* du même exercice, en mettant devant chacun de ces noms *une* ou *la*. *Ex.* : Une *planche*, une *binette*.

TROISIÈME EXERCICE.

PLANTATION DU COLZA.

François est un fermier habile ; il a bien préparé son champ avant d'y planter le colza. La charrue, la herse et le rouleau y ont fait plus d'un tour.

Maintenant, Jacques et son frère tendent un cordeau en enfonçant un piquet au bout de chaque planche de labour ; puis, avec une binette, ils tracent un rayon pour diriger le planteur.

Marin, Julien et le garçon de ferme ont chacun un plantoir double qu'ils enfoncent dans la terre, en appuyant avec le pied sur la barre qui passe d'une branche à l'autre, comme un barreau d'échelle.

Chacun est suivi d'une ouvrière qui jette un pied de colza dans chaque trou.

Une autre femme ou une jeune fille vient ensuite avec un piquet à la main, redresser le brin de colza, s'il y a lieu, et tasser la terre autour de la racine.

Elle a soin de plier, avant de les planter, ceux qui seraient trop longs pour être enterrés jusqu'au collet.

Le colza, qui allonge un grand cou au-dessus de la terre, gèlera dans l'hiver.

Pendant qu'on plante, Marie, qui est une ouvrière de la ville peu accoutumée au travail de la campagne, est employée à arracher le plant dans le semis, sous la surveillance de la fermière.

Elle a soin de choisir le plus vigoureux, à la feuille large, et non le plus élevé, à la tige grêle.

Cependant le champ est mouillé, le propriétaire n'a pas voulu payer le drainage. Comment y suppléer ?

Voyez, à l'autre bout de la pièce de terre, ce qu'on fait avant de planter : c'est un travail qui remplacera le drainage.

François a attelé son cheval et un bœuf habitué au collier. Ils traînent le buttoir qui ouvre une raie d'écoulement pour conduire l'eau dans le fossé. Un homme achève de la creuser avec une pelle.

C'est une bonne précaution, le colza redoute l'humidité qui serait restée dans la terre.

Le fermier aura soin cet hiver, après une journée de grande pluie, de visiter chaque rigole, pour s'assurer qu'aucun obstacle n'empêche l'eau de couler.

Le singulier et le pluriel.

Un mot est au *singulier* lorsqu'il désigne une seule personne ou une seule chose.

Un mot est au *pluriel* lorsqu'il désigne à la fois plusieurs personnes ou plusieurs choses.

FORMATION DU PLURIEL.

Règle générale.

On met un nom au pluriel en y ajoutant un *s*.

DEVOIRS.

16. Copier le quatrième exercice.

17. Souligner les *noms au singulier.*

18. Écrire les noms qui se trouvent au *pluriel* dans le quatrième exercice.

19. Écrire dans une colonne les noms communs qui sont au *singulier* dans le quatrième exercice.

20. Écrire en face les mêmes noms en y ajoutant un *s* pour les mettre au pluriel. *Ex. :*

SINGULIER	PLURIEL
père,	*pères.*

QUATRIÈME EXERCICE

ENCORE LE COLZA.

Le père Mathurin n'aimait guère cette culture que ses pères ne connaissaient pas dans ce village.

Il grondait ses gendres qui étaient des fermiers venus de deux villages éloignés, et il leur disait:

— Un bon fermier ferait du blé dans ce champ, qui en a donné une si belle récolte l'année dernière.

La grand'mère Jeanne a mieux compris les livres que son fils François lit aux soirées d'hiver, pour ses enfants et ses domestiques.

— Ne sais-tu pas, répondit-elle, ce que le livre dit là-dessus? A la dernière veillée de lecture, notre fils lisait que la terre s'ennuie de porter toujours les mêmes plantes. Quand le blé a mangé tout ce qui lui convient, il faut mettre une plante différente qui trouvera autre chose pour se nourrir là où les blés ne trouvaient plus rien.

— Eh bien, reprend Mathurin, après le froment, faites de l'avoine.

— Grand père, objecte René qui a étudié dans de grandes écoles et au séminaire, les avoines sont de la même famille que les froments, elles se nourrissent presque des mêmes principes, tandis que le colza est d'une famille fort différente.

— Pour cela, dit le vieillard, il est de la famille du chou de mes vaches, car ils se ressemblent.

— Ils se ressemblent comme des frères, grand'père, comme je ressemble à mon frère Jean; voilà que vous devinez la botanique.

— Le colza est de la famille des crucifères, parce que ses fleurs ont quatre feuilles ou pétales en croix, interrompit le voisin Baptiste, qui avait la prétention de passer pour un savant parmi ses voisins, parce qu'il sortait de deux écoles d'agriculture et qu'il allait entrer à une école de médecine vétérinaire; et l'avoine est une graminée parce qu'elle donne du grain.

— Toutes les graminées ne donnent pas du grain, répondit René avec un sourire.

— Les grains font du pain, dit le grand'père en s'impatientant, et les laboureurs ont besoin de pain pour nourrir toutes les bouches de la maison et pour faire de l'argent avec le reste.

— Je vendrai ma graine de colza bel et bien, répondit doucement François; il faut beaucoup d'huile pour brûler dans les lampes. Le tourteau, ou résidu, sera en outre un bon assaisonnement pour les soupes de mes vaches et de tout mon bétail. De plus, les tiges donnent une bonne litière et les siliques sont bien mangées par les moutons. Tenez, père, si ce n'était pas vous chagriner, au lieu d'avoir un seul hectare en colza, je voudrais en avoir quatre hectares.

— Du moins, ajouta le grand'père, si vous le plantiez à la charrue comme nos voisins. Regardez, leurs ouvriers vont plus vite que votre ouvrier avec son plantoir.

— Grande besogne, mais souvent petite réussite.

— On pourrait aussi le semer sur place, sans avoir à le planter.

— C'est vrai, mais alors on n'a pas le temps de préparer sa terre avant les semailles, et on ne peut la biner ensuite, tandis que je ferai passer la houe à cheval entre les lignes, puis je les binerai à la main pour détruire toutes les mauvaises herbes qui repousseraient dans mes autres cultures, si je les laissais dans le colza.

— Faites donc des colzas, dit le père, vos grains sont beaux et bien propres ; il faut croire que vous savez le métier.

Formation du pluriel (suite).

DEVOIRS.

21. Copier le cinquième exercice.

22. Copier dans une colonne les noms de cet exercice en les faisant précéder d'un des mots : *un, une, le, la,* qui annoncent le singulier. Écrire en face les mêmes noms en les faisant précéder de l'un des mots : *des, plusieurs, les, deux, trois, quatre, cinq, six,* etc., qui annoncent le pluriel.

23. Copier le premier exercice et souligner les noms *au singulier.*

24. Copier le deuxième exercice et souligner les noms *au pluriel.*

25. Copier le quatrième exercice et souligner les *noms masculins* qui sont au *singulier.*

26. Écrire les *noms masculins* qui sont *au pluriel.*

27. Écrire les *noms féminins* qui sont *au singulier.*

28. Écrire les *noms féminins* qui sont *au pluriel.*

29. Écrire dans une colonne les *noms communs* du premier exercice, et en indiquer en face le genre et le nombre. *Ex. :* (Modèle d'analyse.)

Pré. . . . . . . Masculin singulier.
Vache. . . . . : . Féminin singulier.
Maisons. . . . . Féminin pluriel.

30. Même devoir sur le deuxième exercice.

DICTÉES.

Faire remarquer à l'élève l'orthographe de quelques *noms communs* du cinquième exercice, puis les lui dicter.

(Répéter souvent un travail analogue sur cet exercice et les suivants.)

CINQUIÈME EXERCICE.

UNE JOURNÉE A LA FERME.

Le berger ramène une vache, une génisse, un bœuf, un mouton. La prairie est loin de la ferme, le chien aide à con-

duire la vache, la génisse, le bœuf et le mouton ; la vache
boit en passant au vivier, la génisse préfère la mare.

La fermière a préparé la place à l'étable, le râtelier est
plein, l'auge est nettoyée.

Quand la vache est attachée à sa place, le berger prend
une brosse et une étrille : il brosse la hanche, l'épaule, la
cuisse, la jambe de chaque vache. La bête aime ce soin.

La servante arrive avec une jatte ou un bassin pour traire
la vache. Elle emporte le lait et le verse dans un plat peu
profond, qu'elle pose sur une planche dans la laiterie.

Pendant ce temps-là, le berger soigne le porc et la truie,
puis il va chercher le poulain et la jument.

Un garçon revient du champ avec la charrue, un autre
ramène la charrette traînée par un bœuf qui a un collier au
lieu d'un joug. Chaque homme détèle sa bête et range sa
charrue, la charrette, le charriot, le collier, la chaîne, le
fouet.

La ménagère sonne la cloche ; le maître, le domestique, la
servante, le *pâtour* arrivent pour le dîner.

Bientôt la génisse beugle à l'étable, elle demande aussi sa
ration ; le coq glousse pour appeler sa poule parce qu'il a
trouvé un ver. Le poulain hennit quand il entend son maître.

Puis le berger retourne au champ, le laboureur à sa
charrue, le charretier à son cheval ou à son bœuf, la ménagère reste à la maison avec sa fille et sa nièce.

L'une prend le balai, elle range la table, la chaise, le banc ;
une autre lave une assiette, un verre, un plat, une cuiller, la
baratte et la marmite ; l'autre s'assied près de la fenêtre dans
la grande chambre, elle tient une aiguille et raccommode un
bonnet, un tablier, une jupe.

L'enfant dort sur le lit, la tête sur l'oreiller ; le chat se
chauffe près d'un tison, la poule familière mange un grain
dans la main de la servante.

Voilà qu'on prépare le souper, la famille rentre à la ferme,
la journée est finie. On dit la prière près du foyer, invoquant
le saint patron de chacun et le bon ange qui veille à notre
côté pendant la fatigue de la journée, à notre chevet pendant
le sommeil de la nuit.

Première règle particulière

SUR LA FORMATION DU PLURIEL DANS LES NOMS.

Les noms qui finissent par *s*, *x* ou *z*, s'écrivent au pluriel comme au singulier. *Ex.* : un *nez*, des *nez*.

DEVOIRS.

31. Copier le sixième exercice et souligner les noms communs qui finissent au singulier par *s*, *x*, *z*.

32. Faire sur cet exercice le travail indiqué au nᵒ 22.

33. Analyse des noms du sixième exercice comme au nᵒ 29.

SIXIÈME EXERCICE.

LE SARRAZIN, OU BLÉ NOIR.

Le villageois Martin part avec son fils pour arriver au lever du jour à la ferme du Ménil, où ils travaillent comme journaliers.

Ils marchent d'un pas alerte, portant la faucille sur le bras.

Au carrefour d'un petit bois, d'autres villageois se joignent à eux, pour suivre le même chemin.

L'un porte une perdrix à la ville, et calcule le prix qu'il la vendra ; un autre va consulter l'avocat sur un procès pour du foin vendu au poids.

On parle du beau temps ; chacun dit son avis sur les récoltes.

Enfin, voilà nos travailleurs arrivés au Ménil.

Le père de famille était dans la cour, entouré de ses fils et de ses domestiques.

Il se tenait debout près du puits, sous le toit que formaient les branches d'un platane. Quelques feuilles, tannées par l'automne, se détachaient déjà aux secousses d'un vent léger, et s'étendaient comme un tapis sur le sol.

Le vieillard donnait ses avis sur l'ouvrage de la journée, sa voix était sérieuse et pleine de dignité ; on écoutait son simple discours avec la déférence due à son âge et à son expérience.

— Partez donc pour le champ, disait-il, et que le sarrasin tombe sous les faucilles que manieront vos bras actifs.

Il y a seulement un mois il était en fleur ; c'était une belle nappe blanche, un peu rosée.

Les abeilles y butinaient. Si leur miel en était moins blanc, il n'en était pas moins parfumé, et c'était la dernière ressource pour l'approvisionnement de la ruche.

Maintenant, les fleurs sont remplacées par des grains brunâtres. Tous ne sont pas encore mûrs ; cependant il faut se hâter de couper. Si nous attendions la fin du mois, les meilleurs grains seraient tombés : nous ne récolterions que les moins nourris.

A mesure que les femmes couperont le blé noir, les jeunes garçons le mettront en paquets, qu'ils lieront près de la tête ; puis ils les dresseront debout, en étalant un peu la paille vers le pied pour leur donner plus de base.

Le grain achèvera ainsi de mûrir. Ces javelles dressées au soleil sont d'un joli effet avec leurs belles teintes rouges.

Les perdrix viendront se cacher à leur pied quelques jours ; puis elles n'auront bientôt plus pour s'abriter que les amas des feuilles balayées par le vent entre les sillons ou le long des talus.

Nous n'aurons pas de peine à battre notre blé noir. Souvenons-nous de ne pas le mettre en tas épais dans le grenier ; autrement il prendrait mauvais goût. Encore faudra-t-il le remuer souvent pour l'empêcher de s'échauffer.

La paille ne se conserve pas bien, et ne peut nourrir les bestiaux. Toutefois, gardons-nous de la jeter à pourrir dans nos chemins ; c'est un usage absurde. Mise en tas bien faits, elle nous donnera une très-bonne litière.

Quant au blé noir de Tartarie, nous pouvons attendre encore quelques jours pour le couper.

Il gèle moins vite que le blé noir ordinaire.

Il graine beaucoup. Ce sera une ressource précieuse pour la volaille et les bestiaux.

Dans ce pays-ci, on ne l'emploie pas pour la nourriture des hommes, parce qu'il a un goût trop amer.

Mais cela ne tient qu'à l'écorce du grain et non à la farine.

J'ai vu passer de terribles années de disette, dans les-

quelles on essaya de séparer plus complétement le son, afin
d'enlever cette amertume. On eut plus de succès en faisant
subir à la farine des lavages répétés.

Que Dieu préserve notre pays de revoir des temps pareils.
Allez, mes amis, courage à l'ouvrage. Je voudrais avoir encore
le pas assez leste et les bras assez forts pour vous conduire.

Sa voix s'affaiblissait ; la fatigue l'obligea à s'asseoir sur la
pierre du puits, pendant que ses fils s'éloignaient dans la
direction du petit bois, et le bruit de leurs pas sur le tapis
de feuilles tombées alla bientôt s'affaiblissant dans le lointain.

Deuxième règle particulière

POUR LA FORMATION DU PLURIEL DANS LES NOMS.

Les noms qui finissent par *au* ou par *eu* au singulier,
prennent un *x* au pluriel.

REMARQUE. Parmi les noms terminés en *ou*, il y en a sept qui
prennent aussi un *x* au pluriel. Ce sont : *bijou, caillou, chou, genou,
hibou, bijou.*

DEVOIRS.

34. Copier le septième exercice et souligner les noms communs
terminés au singulier par *au* et par *eu.*

35. Même travail qu'au n° 22.

56. Analyse des noms comme au n° 29.

37. Écrire au singulier tous les noms qui sont au *pluriel* dans le
sixième exercice et dans le septième.

SEPTIÈME EXERCICE.

RÉCOLTE DES POMMES DE TERRE.

Le logis ou château des Roncerets est situé sur le penchant
d'un coteau couronné de grands arbres, entre lesquels on
distingue le bouleau au tronc blanc, l'ormeau, le chêne, et
sous leur ombrage le houx aux fruits couleur de feu.

Un ruisseau coule dans le vallon, tantôt babillant sur des
cailloux, tantôt silencieux entre des roseaux.

Les coteaux opposés sont couverts de vignes, de champs
cultivés, de pâturages. Un hameau se cache entre des ormeaux
et des hêtres. Parfois, lorsque le troupeau descend vers le

rivage pour se désaltérer à une eau toujours pure, un jeune veau, un agneau plein de gaîté animent de leurs jeux le paysage.

Le maître du château aime ce tableau champêtre. Souvent un bateau le conduit de l'autre côté du ruisseau dans les hameaux voisins, et le petit Adrien interrompt son jeu pour l'accompagner.

Ils se plaisent à observer les soins que donnent les cultivateurs à la terre et aux troupeaux.

Ce jour-là, ils s'arrêtèrent dans un enclos où on arrachait des pommes de terre.

Les hommes, armés chacun d'un hoyau ou d'un crochet à deux dents, bêchaient péniblement pour découvrir les tubercules. Des femmes les triaient avec un râteau, puis les ramassaient dans des paniers. Enfin, on les jetait dans un tombereau qui suivait la bande des travailleurs en roulant sur son essieu criard.

— Chers amis, dit Monsieur Perrier, vous prenez trop de peine, et cependant la besogne ne va pas vite. Je l'ai vu faire autrement.

— Moi aussi, dit le neveu du fermier. Notre propriétaire avait fait cadeau à mon père d'une charrue à deux versoirs, qu'on appelle aussi buttoir, parce qu'elle sert à butter les pommes de terre et les choux. Quand il s'agissait d'arracher les pommes de terre, on faisait passer ce buttoir sous les lignes comme si l'on avait voulu creuser une rigole ; les versoirs jetaient la terre des deux côtés. Il n'y avait plus qu'à se servir des râteaux ; c'était promptement fait.

— Quand on n'a pas de buttoir, reprit M. Perrier, on peut le remplacer par une petite charrue. Permettez-vous que j'appelle ce garçon qui laboure à côté ? vous verrez comme cela ira bien.

Adrien prêta son couteau pour tailler le manche du fouet, afin qu'on pût s'en servir pour desserrer la vis qui tient le coutre dans la charrue, et le coutre fut enlevé.

Le neveu Jean tint les manches de la charrue, et la conduisit doucement en prenant sous la première ligne assez profondément pour soulever tous les tubercules, qui se trouvèrent ainsi rejetés sur le sol dans la terre que le versoir retournait.

— Je parie un sou que les pommes de terre sont coupées, dit le fermier.

— Je parie deux sous qu'elles ne le sont pas, reprit le propriétaire.

—Mettez l'enjeu dans mon chapeau, s'écrie Adrien. J'ajoute un gâteau pour celui qui gagnera.

— Mon bijou, vous êtes toujours gentil et gai comme un oiseau, dit la mère Jeanne, qui l'a fait danser sur son genou et l'a balancé dans son berceau quand il était tout petit.

Pas une pomme de terre n'était coupée.

— Merci de la leçon, dit le fermier. C'est de la peine et du temps de moins.

— Merci de l'aveu, répondit le propriétaire. Et il fit à chacun un adieu amical.

Troisième règle particulière
POUR LA FORMATION DU PLURIEL DANS LES NOMS.

Les noms qui finissent par *al* au singulier, finissent par *aux* au pluriel, excepté *bal*, *carnaval*, *régal*, qui prennent un *s* au pluriel, suivant la règle générale.

REMARQUE. Il y a aussi quelques mots finissant par *ail* au singulier qui finissent par *aux* au pluriel. Nous citerons seulement : *bail*, *émail*, *corail*, *vitrail*, *soupirail*, *travail*.

DEVOIRS.

38. Copier le huitième exercice et souligner les noms communs terminés par *al* ou *ail* au singulier.

39. Travail du n° 22.

40. Analyse du n° 29.

HUITIÈME EXERCICE.

LES POMMES DE LA GRAND'MÈRE.

La grand'mère Suzanne est à l'hôpital ; son fils le caporal est malade en pays étranger. Elle a trois petits-enfants dont la mère mourut veuve il y a deux ans, d'un mal que les médecins ne peuvent guérir, la misère et le chagrin.

Pauvre Suzanne ! qui va faire le travail à la chaumière et soigner les orphelins ?

Le soldat Pierre demeurait de l'autre côté du canal. Tous les matins il apportait à la vache sa ration de paille, et la détachait pour que Louison pût la conduire sur les chemins paître l'herbe le long des fossés.

Mais les pommes du petit champ avaient mûri ; il n'aurait pas le temps de les cueillir tout seul.

Voilà qu'il cherchait comment faire, quand le général vint à passer, se promenant à cheval.

— Général, dit le soldat, prêtez-moi quatre hommes jusqu'à ce soir.

— Et que feras-tu de mes hommes ?

— Je les mènerai battre....

— Battre les Bédouins ou les Anglais ?

— Non, mon général, battre les pommiers de la mère Suzanne.

Les quatre hommes arrivent et se mettent au travail.

On commence par cueillir à la main les plus beaux fruits, que les enfants emportent dans le cellier. Ils les étendent sur des feuilles sèches, et ont soin de ne pas fermer le soupirail, suivant le conseil de Pierre, qui s'occupe de tous les détails, et recommande de les conserver pour faire un régal à la grand'mère quand elle reviendra de l'hôpital.

Puis on bat, avec de grandes gaules, les autres pommes qui doivent faire un fût de cidre ou se vendre pour payer la ferme ; car le bail va finir, et le maître ne relouerait pas si le terme se faisait attendre.

On a soin de ne pas donner de grands coups qui meurtriraient les pommes, mais on secoue doucement les branches. Cependant le travail se fait vite : un seul abat et les autres ramassent. D'ailleurs il n'y a pas beaucoup de pommes sur un journal de terre.

— Bravo, dit le général, qui revient de sa promenade. Reste le cidre à faire.

— Pardon, mon général, il faut quelques jours pour que les pommes achèvent de mûrir en tas. Elles en auront plus de sucre et le cidre sera meilleur.

— Faites-le au pressoir de l'arsenal. Vous passerez par le portail de la cour ; ce sera plus facile. Vous frapperez trois

coups ; ce sera le signal pour que je fasse ouvrir. En attendant, buvez à ma santé avec cette petite pièce jaune, et bonne
santé à la grand'mère.

— Merci de sa part, général. La petite pièce est d'un
métal qui complétera le total de son terme et empêchera
qu'on ne lui fasse quitter le local.

— Vivent les braves ! riposta le général, en faisant sentir
l'éperon à son cheval. Et le vigoureux animal l'emporta
joyeux comme s'ils allaient à la bataille.

L'ADJECTIF.

Les noms peuvent être accompagnés de certains
mots qui expriment des qualités bonnes, mauvaises ou
seulement caractéristiques ; ces mots sont appelés *adjectifs*, ce qui signifie *ajouté*, parce que les adjectifs ne
s'emploient jamais seuls, mais sont toujours *ajoutés* à
un nom ou à un mot qui remplace le nom.

On reconnaît qu'un mot est *adjectif* lorsqu'on peut
l'employer avec l'un des mots : *homme, objet, personne*
ou *chose*, de la manière suivante. *Ex. :* Une *personn
aimable*, une *mauvaise chose*.

DEVOIRS.

41. Copier le neuvième exercice en soulignant les *adjectifs*.

42. Écrire tous les *adjectifs* avec les *noms* auxquels ils se rapportent.

MODÈLE :

Le *dernier* soleil, la terre *humide*, etc.

NEUVIÈME EXERCICE.

SEMAILLES D'AUTOMNE.

Le dernier soleil d'automne échauffe la terre déjà humide
des tièdes pluies et de la bienfaisante rosée. Les feuilles

2

jaunes commencent à tomber ; les petits oiseaux cherchent un abri chaud pour la nuit, les insectes destructeurs dorment dans le sein de la terre ; voilà le temps des semailles.

Allons, laboureur, attelle sous le joug pesant les bœufs dociles.

La charrue est placée sur le traîneau, Mathurin s'arme de son fouet solide, Michel prend l'aiguillon acéré, on part pour le champ du labour.

Le soc poli et brillant entre dans le sol dur, les bœufs au pas paisible et lent tracent un pénible sillon, dans lequel la ménagère agile répand une semence fertile que recouvrira la mince bande de terre rejetée par le tour suivant.

Le travail est lent, le jour est court et la saison douteuse, comment finir en temps convenable ? comment faire si les grandes pluies allaient survenir ?

Cependant le champ voisin appartient à l'École d'agriculture dont le savant et habile directeur emploie pour les semailles une méthode plus prompte.

Après un jeune trèfle, dès le mois de septembre on a donné un labour. Après un sarrasin ou du colza, on a commencé par un hersage superficiel pour enterrer les mauvaises graines et en favoriser ainsi la germination. Lorsqu'elles ont été levées, on a donné un labour plus profond, suivi d'un hersage énergique, puis on a fait passer un rouleau pesant et le sol est bien uni.

Maintenant un semoir, à la marche rapide, répand par des tubes uniformes une semence régulière que le même instrument recouvre d'une légère couche de terre, ou qu'on enterre avec une petite herse, si le semoir est d'un système qui le réclame.

Ainsi la terre a été mieux préparée, les semailles sont plus expéditives, plus régulières ; il faut moins de semence et la récolte sera plus abondante. En voici les vraies raisons : d'abord la semence tombe sur une terre meuble et est recouverte d'une couche de terre meuble aussi. Puis les grains sont espacés régulièrement, et comme ils sont en d'excellentes conditions, on n'est pas obligé d'en semer une quantité trop grande, par prévision de ceux qui ne lèveront pas ; les pieds ne se gêneront pas les uns les autres, ils talleront et pousseront de magnifiques épis qui seront chargés de grains bien pleins.

Il n'y a que les cultivateurs routiniers ou ignorants qui puissent refuser d'admettre les avantages de cette méthode.

Accord de l'adjectif.

Pour mieux faire voir à quel nom chaque adjectif est ajouté, on le met au *masculin* avec les noms *masculins*, au *féminin* avec les noms *féminins*; de plus, on le met au *singulier* avec les noms employés au *singulier*, et au *pluriel* avec les noms employés au *pluriel*.

C'est ce qu'on appelle l'accord de l'adjectif.

Première règle. L'adjectif se met donc au même genre (masculin ou féminin) et au même nombre (singulier ou pluriel) que le nom auquel il se rapporte. *Ex.* : Le *grand* bœuf, les *grands* bœufs, les *grandes* vaches.

Deuxième règle. L'adjectif qui se rapporte à plusieurs noms au singulier se met au pluriel. *Ex.* : Le bœuf et le cheval sont *forts.*

Troisième règle. Si un des noms est masculin et l'autre féminin, l'adjectif se met au masculin, et dans ce cas on place, autant que possible, le nom masculin le plus près de l'adjectif. *Ex.* : La vache et le bœuf sont *forts.*

Règle générale
SUR LA FORMATION DU FÉMININ DANS LES ADJECTIFS.

On met un adjectif au féminin en y ajoutant un *e* muet. *Ex.* : Un homme *grand*, un mot *vrai*; une femme *grande*, une parole *vraie.*

REMARQUE. — Dans les adjectifs en *er*, on ajoute de plus un accent grave sur l'avant-dernier *e* du féminin. *Ex.* : Premier, première.

OBSERVATION. — Pour retrouver le masculin, il suffit de retrancher l'*e* muet ajouté pour le féminin; on connaît ainsi la dernière lettre qui doit terminer le masculin. *Ex* : Grande, grand, vraie, vrai.

DEVOIRS.

43. Écrire *au féminin* tous les adjectifs du neuvième exercice, en les faisant précéder ou suivre d'un des mots *personne* ou *chose*.

MODÈLE.

La *dernière* personne, une chose *humide*, etc.

44. Mettre au masculin tous les adjectifs qui sont au féminin dans le neuvième exercice, en les faisant précéder d'un des mots *homme* ou *objet*.

45. Analyser comme il suit les *noms et les adjectifs* du neuvième exercice :

MODÈLE.

Dernier.	adj.	masc.	sing.
Soleil.	nom	id.	id.
Terre.	nom	fém.	sing.
Humide.	adj.	id.	id.

Première règle particulière

SUR LA FORMATION DU FÉMININ DANS LES ADJECTIFS.

Les adjectifs qui finissent au masculin par un *e* muet ne changent pas pour le féminin.

DEVOIRS.

46. Écrire tous les adjectifs du neuvième exercice qui finissent au masculin par un *e* muet.

DICTÉES.

Dicter tantôt au masculin, tantôt au féminin, quelques adjectifs du neuvième exercice que l'élève vient de travailler.

Il conviendra, pour cette dictée comme pour les suivantes, de faire préalablement étudier à l'élève l'orthographe des mots qu'il aura à écrire.

Deuxième règle particulière

SUR LA FORMATION DU FÉMININ DANS LES ADJECTIFS.

Les adjectifs qui finissent par un *x* au masculin, changent *x* en *se* pour le féminin. *Ex. :* Un homme *heureux*, une femme *heureuse*; excepté *doux, faux* et *roux* qui font *douce, fausse* et *rousse*.

DEVOIRS.

47. Copier le dixième exercice et souligner les adjectifs terminés par *x*.

48. Mettre au féminin tous les adjectifs de cet exercice comme au n° 43.

DIXIÈME EXERCICE.

LES FEUILLES DE BETTERAVE ET LES FEUILLES DE POMME DE TERRE.

— Tu es oublieux, Michel, tu ne me parles plus de tes essais sur tes fameux fourrages.

— Ma mémoire n'est pas si oublieuse que vous le pensez, Monsieur, mais je suis tant soit peu honteux de cet entêtement que je fus assez orgueilleux pour montrer avec un savant comme vous êtes.

— Ta sœur ne me paraît pas si honteuse et elle est plus entêtée. Mais toi, mon ami, tu crois donc maintenant à mes conseils?

— Comment pourrais-je refuser d'y croire, puisque j'ai été malheureux pour ne pas les avoir suivis? Vous savez, le troupeau était si vigoureux cet été; j'étais joyeux de voir nos nombreux bestiaux pleins de gaîté et de santé faire des jaloux parmi nos ambitieux voisins.

— Eh bien !

— Eh bien ! soyez généreux, ne me faites pas de fâcheux reproches, je vais tout vous avouer.

— Bien ! sois courageux, je sais d'ailleurs ce que tu vas me dire.

— Vous m'aviez donc recommandé, commença Michel, de ne point faire manger à mes vaches ce pernicieux fourrage que donnent les fanes de pommes de terre. Cependant, désireux de leur procurer quelque chose à l'étable quand elles rentraient des pâturages, et ne pouvant croire que les feuilles des pommes de terre fussent mauvaises, puisque les tubercules farineux sont sains et si précieux pour les hommes, je m'entêtai et je nourris le bétail avec ce dangereux aliment. Mes vaches ne tardèrent pas à maigrir, elles eurent la diarrhée ; plus de gaîté dans le troupeau, plus de lait crémeux, plus de ce fameux beurre si savoureux. Il fallut cesser ce fâcheux régime.

Le troupeau commençait à se remettre; nous manquions encore de fourrage, les betteraves avaient un feuillage vigoureux. Nous dîmes : Celui-là ne sera pas dangereux. C'est vrai, il ne fit pas de mal, mais comme vous disiez, il est trop aqueux, il n'était pas assez nourrissant. Puis l'essai fut coûteux d'une autre manière. Dans la portion du champ que nous avons effeuillée en août, les betteraves n'ont plus grossi et la récolte est à demi manquée.

— Mais toi, tu es plus qu'à demi corrigé, le malheur te sera fructueux. Appelons cela un malheur heureux. Si tous les hommes étaient courageux à se condamner lorsqu'ils se sont trompés, et à changer leurs usages lorsqu'ils les ont reconnus vicieux, les abus céderaient promptement la place à de nombreux perfectionnements.

— Ah ! monsieur, que vous êtes indulgent et doux. Si tout le monde était compatissant comme vous pour ceux qui prennent un faux chemin, il serait plus facile de les ramener dans la bonne voie.

Troisième règle particulière

SUR LA FORMATION DU FÉMININ DANS LES ADJECTIFS.

Les adjectifs terminés par un *f* au masculin changent l'*f* en *ve* pour le féminin. *Ex. :* Un homme *vif*, une femme *vive*.

DEVOIRS.

49. Copier le onzième exercice en soulignant les adjectifs terminés au masculin par *f*.

50. Travail du n° 43.

ONZIÈME EXERCICE.

ARRACHAGE DES BETTERAVES.

Un chétif pâturage couvrirait ce champ, s'il appartenait à

un fermier paresseux. Mais Mathurin est actif; la chétive pâture est remplacée par un végétal productif, la betterave.

Attentif à ne pas laisser compromettre sa récolte par la gelée, il ne permet à aucun travailleur de rester oisif en ce jour. Femmes, domestiques, attelage des bœufs, et jusqu'au maigre cheval poussif, aussi bien que le poulain rétif, tout arrive sur le terrain.

D'un ton bref, le fermier distribue l'ouvrage. — Femmes, d'un tour de poignet vif et rapide, séparez en deux ou trois poignées les feuilles qui couronnent la betterave. Tordez, arrachez et jetez les feuilles sur le sol. Ce serait pour nos troupeaux un aliment purgatif; mieux vaut les laisser sur le champ, elles l'engraisseront un peu. Allez, et toutefois je ne demande pas un travail excessif.

Vous, jeunes gens, à l'arrachage; la fourche y va mieux que la bêche, la fourche à deux dents surtout. Elle embrasse la betterave sans l'endommager; le procédé n'est pas neuf, il est expéditif.

Toi qui es maladif, et toi dont l'âge a rendu le bras moins actif, ramassez et jetez dans les tombereaux.

Fouettez, charretiers, que vos bêtes transportent d'un pas rapide les betteraves au silo.

Quatrième règle particulière

SUR LA FORMATION DU FÉMININ DANS LES ADJECTIFS.

On forme le féminin des adjectifs *bas*, *épais*, *gras*, *gros*, *las*, *gentil*, ainsi que des adjectifs terminés au masculin par *el*, *eil*, *en*, *et*, *on*, en doublant la dernière consonne et en ajoutant un *e* muet. *Ex.* : Un homme *mortel*, *pareil*, *ancien*, *muet*, *bon*; une femme *mortelle*, *pareille*, *ancienne*, *muette*, *bonne*; excepté *complet*, *concret*, *discret*, *inquiet*, *secret*, qui ne doublent pas la consonne, mais prennent un accent grave sur l'avant-dernier *e* du féminin : *complète*, *concrète*, etc.

Les cinq adjectifs suivants ont deux formes pour le masculin :

1° *Beau*, *nouveau*, *fou*, *mou*, *vieux*, devant une consonne ou un *h* aspiré;

2° *Bel*, *nouvel*, *fol*, *mol*, *vieil*, devant une voyelle ou un *h* muet.

Pour former le féminin, on prend la seconde forme, dont on double la consonne en ajoutant un *e* muet.

DEVOIRS.

51. Copier le douzième exercice.

52. Chercher dans le douzième exercice, et écrire :

    1° Les adjectifs en *el*,

    2°   —   *eil*.

    3°   —   *en*.

    4°   —   *et*.

    5°   —   *on*.

    6° Ceux qui sont nommés en tête de la quatrième règle particulière.

    7° Ceux qui ont deux formes pour le masculin.

53. Travail du n° 43.

DOUZIÈME EXERCICE.

LES SILOS.

Perrette au visage vermeil, à l'air coquet, au rire sans pareil, babillait de son ton habituel tandis que le vieil intendant, avec son air ponctuel, calculait par toises et par sous le prix d'un silo voûté en pierre : tant pour les matériaux et les charrois, tant pour la main-d'œuvre.

— Vous n'en finirez pas avec votre ancien système de calcul, dit Perrette que rien ne rend muette. Je compterai dix fois plus vite en mètres et en centimes pourvu que vous me disiez le prix actuel et réel des matériaux et du travail. Allons, monsieur l'intendant, vous êtes bon chrétien et bon paroissien, c'est le point essentiel; mais soyez paternel pour les intérêts de votre ancien tenancier, qui gagne à peine sur vos terres le pain quotidien. Si vous êtes cruel, le bonheur éternel vous sera refusé.

Le bon intendant est bien inquiet. Comment accorder son

penchant naturel à faire le bien du fermier et son devoir de défendre l'intérêt particulier du maître? Enfin, fermant les yeux d'un air discret, il dit à demi-voix, comme s'il s'agissait d'un arrangement secret :

— J'ai trouvé un terme moyen : le silo bâti en pierre serait trop cher, je ne peux l'accorder. Allons, ne boude pas, Perrette, reprends ton air mignon. Je vais vous enseigner comment on fait un silo moins coûteux et aussi bon pour la conservation des betteraves. Il n'a que l'inconvénient d'être à recommencer tous les ans.

Choisissez un bel emplacement sur un beau terrain un peu élevé. Creusez une belle fosse de 1 mètre de largeur environ sur 25 à 30 centimètres de profondeur. Vos betteraves ont été jetées en petits tas le long du silo à mesure qu'elles arrivent du champ ; faites-en un tas nouveau dans la fosse ; pour ce nouvel arrangement, vous les placerez à la main, par lits qui diminueront de largeur et dont l'ensemble offrira la forme d'un toit. Vous jetterez un peu de paille sur le tas, et vous couvrirez le tout avec la terre enlevée de la fosse; puis vous creuserez des deux côtés une rigole d'écoulement pour les eaux en rejetant encore sur le silo la terre que vous retirerez de ces rigoles. Qu'un fol entêtement ne vous empêche pas d'adopter ce mode de conservation pour les betteraves. Un vieux préjugé s'oppose souvent à un nouvel essai; mais ceci n'est pas nouveau, il n'y a qu'un caractère apathique et mou qui puisse refuser de le mettre en pratique.

Perrette m'a compris, je le vois à son gentil sourire; elle conseillera son frère, qui d'ailleurs n'est pas un sot, et dont le bras n'est jamais las lorsqu'il s'agit de travail.

— Venez voir où placer le silo, dit le jeune paysan.

Le vieil intendant gros et gras s'enveloppa de son épais manteau, et tous deux, en compagnie de Perrette au pas léger, choisirent un terrain qui n'était ni bas ni humide, pas trop loin du champ de betteraves ni de la ferme; et les racines s'y conservèrent belles et saines jusqu'au printemps.

Cinquième règle particulière

SUR LA FORMATION DU FÉMININ DANS LES ADJECTIFS.

Adjectifs en EUR.

1° Pour former le féminin des adjectifs terminés en *érieur* et des trois adjectifs *meilleur, majeur, mineur,* on ajoute un *e* muet, suivant la règle générale. *Ex.* : Un homme *meilleur,* une femme *meilleure*;

2° Les adjectifs en *teur* ont leur féminin en *trice. Ex.* : Un homme *accusateur,* une femme *accusatrice;* excepté *menteur, chanteur, flatteur,* qui font *menteuse, chanteuse, flatteuse.*

3° Les autres adjectifs terminés en *eur* font leur féminin en *euse. Ex.* : Un homme *trompeur,* une femme *trompeuse;* excepté *pécheur, vengeur* et quelques autres qui font *pécheresse, vengeresse,* etc.

DEVOIRS.

54. Copier le treizième exercice.

55. Chercher dans le treizième exercice et écrire :

    1° Les adjectifs en *eur* faisant leur féminin suiv. la 1re forme.

    2°   —   en *eur*   —   —   2e forme.

    3°   —   en *eur*   —   —   3e forme.

    4°   —   en *eur* faisant exception à ces trois règles.

56. Travail du n° 43.

TREIZIÈME EXERCICE.

L'ÉTABLE.

— Viens voir, Adrien, voilà le meilleur troupeau du pays et une étable dont l'arrangement intérieur est supérieur à celui qu'on adopte généralement dans nos fermes.

Cette disposition des rateliers bordant des deux côtés l'allée du milieu, permet de soigner les vaches par la tête sans les déranger et sans être exposé à leurs coups de pieds.

Le fermier grondeur dit que le propriétaire connaisseur

ne juge pas les bêtes par les cornes et que cette manière de les placer n'est pas avantageuse. Puis il se plaint que le passage derrière les vaches, le long du mur extérieur, est trop étroit pour le service des litières et des fumiers. Cependant son valet causeur et rieur, mais travailleur autant que tapageur et querelleur, circule fort à l'aise, et tu peux remarquer que ses vaches sont bien étrillées et brossées.

As-tu vu ces deux rigoles pour l'écoulement du purin? Elles le conduisent dans un vieux fût placé au dehors sous un petit toit. Un ouvrier soigneux, ni fainéant ni trompeur, est chargé spécialement de veiller à ce tonneau et d'arroser les fumiers avec le jus ou purin.

Cette étable est vaste, éclairée, bien aérée au moyen d'ouvertures placées au-dessus de la tête des animaux pour que le courant d'air ne les frappe pas et ne leur soit pas nuisible.

Un propriétaire protecteur des intérêts de son fermier doit faire quelques dépenses pour la bonne installation des étables. Mais, sans être des amis flatteurs, nous pouvons dire que celle-ci est un modèle.

Le fermier, qui était spectateur tous les étés du malaise de ses bestiaux, enfermés dans une étable creuse où l'urine et le fumier exhalaient des bouffées ammoniacales suffocantes, avec une chaleur insupportable, doit être heureux de les voir logés si sainement.

Sixième règle particulière

SUR LA FORMATION DU FÉMININ DANS LES ADJECTIFS.

On forme comme il suit le féminin de certains adjectifs qui ne rentrent pas dans les règles précédentes :

Blanc, franc, sec, frais, font *blanche, franche, sèche, fraîche.*

Public, caduc, turc, font *publique, caduque, turque.*

Grec fait *grecque.*

Long, oblong, bénin, malin, font *longue, oblongue, bénigne, maligne.*

Favori, coi, font *favorite, coite.*

Traître fait *traîtresse.*

DEVOIRS.

57. Copier le quatorzième exercice.
58. Travail du n° 43.

QUATORZIÈME EXERCICE.

ENCORE L'ÉTABLE.

Le sol de l'étable est sec et propre, le balai y a fait son office.

Le mur est blanc, les mouches l'ont moins sali que celui des étables qu'on s'efforce de tenir fermées en été, sous prétexte que les mouches y entrent moins ; au contraire, elles entrent moins dans un lieu relativement frais, et davantage dans les étables chaudes et obscures.

Il ne faut pas que l'étable soit un lieu public ; les ruminants aiment le repos, il est nécessaire au travail de la digestion.

Vois comme ces vaches sont belles, couchées de côté sur la litière, une jambe repliée mollement, la tête relevée, l'œil paisible ; on dirait qu'elles réfléchissent avec leur air bénin ; puis elles agitent leurs mâchoires comme pour se préparer à faire un long discours.

Le veau favori se tient coi en attendant l'heure où il tétera sa mère, tandis que le chat, à l'œil traître et malin, arrondissant le dos et dressant la queue, miaule autour des vases où la ménagère verse le lait qu'on vient de traire.

Récapitulation

SUR LES RÈGLES DE LA FORMATION DU FÉMININ DANS LES ADJECTIFS.

(Voir le tableau ci-contre.)

Récapitulation des règles particulières sur la formation du féminin dans les adjectifs.

PREMIÈRE RÈGLE.

masc.	fém.
e	e
utile.	utile.

DEUXIÈME RÈGLE.

masc.	fém.
x	se
heureux.	heureuse.

EXCEPTÉ

masc.	fém.
doux,	douce.
faux.	fausse.
roux.	rousse.
vieux.	vieille.

TROISIÈME RÈGLE.

masc.	fém.
f	ve
neuf.	neuve.

QUATRIÈME RÈGLE.

1°

masculin.	féminin.
bas.	basse.
épais.	épaisse.
gros.	grosse.
gras. } font	grasse.
las.	lasse.
gentil.	gentille.
sot.	sotte.
paysan.	paysanne.

2°

masculin.	féminin.
el mortel.	elle mortelle.
eil pareil.	eille pareille.
ien ancien.	ienne ancienne.
et net.	ette nette.
on bon.	onne bonne.

EXCEPTÉ

masculin.	féminin.
concret.	concrète.
complet.	complète.
discret.	discrète.
inquiet.	inquiète.
replet.	replète.
secret.	secrète.

3°

masculin.	fém.
beau. bel.	belle.
nouveau. l'ouvel.	nouvelle.
fou. fol.	folle.
mou. mol.	molle.
vieux. vieil.	vieille.

CINQUIÈME RÈGLE.

1°

masculin.	féminin.
érieur	érieure
antérieur.	antérieure.

AINSI QUE :

majeur.	majeure.
meilleur.	meilleure.
mineur.	mineure.

2°

masculin.	féminin.
teur	trice
accusateur.	accusatrice.

EXCEPTÉ :

menteur.	menteuse.
chanteur.	chanteuse.
flatteur.	flatteuse.

3°

masculin.	féminin.
eur	euse
trompeur.	trompeuse.

EXCEPTÉ :

pêcheur, qui } font	pécheresse.
vengeur, }	vengeresse.

SIXIÈME RÈGLE.

Féminins irréguliers.

masc.	fém.
blanc.	blanche.
franc.	franche.
sec.	sèche.
frais.	fraîche.
public.	publique.
caduc.	caduque.
turc.	turque.
grec.	grecque.
long.	longue.
oblong.	oblongue.
bénin.	bénigne.
malin.	maligne.
tiers.	tierce.
favori.	favorite.
coi.	coite.
traître.	traîtresse.

DEVOIRS.

59. Copier le quinzième exercice en soulignant les adjectifs.
60. Travail du n° 44.

QUINZIÈME EXERCICE.

LE CONCOURS.

Michel a mis sa veste neuve, sa cravate bleue, son chapeau à grande rosette de velours avec une large boucle en acier, qui étincelle au soleil comme des diamants. Il a quitté ses sabots pour des souliers, dont les clous à grosse tête résonnent sur le pavé. Car Michel marche ce jour-là sur le pavé de la petite ville de Caumont.

C'est le concours; une belle journée, une belle fête. L'affiche n'est pas menteuse, c'est une vraie réjouissance publique.

Mathurin avait envoyé sa meilleure vache, avec une génisse aux formes mignonnes et un veau à la robe irréprochable.

On arriva aux premières lueurs du jour, il fallait que les pauvres bêtes eussent le temps de se reposer et de prendre leur nourriture habituelle avant la visite officielle des autorités.

Michel s'était pourvu d'herbe fraîche et de tiges sèches de maïs, dont les vaches sont très-friandes. La voisine prêta une vieille auge pour qu'on pût préparer avec du son un peu d'eau blanche. Ces soins furent chose facile, et les animaux en eurent toute la journée la mine plus vigoureuse; tandis que ceux d'une fermière, lente, paresseuse, causeuse, indifférente, partis trop tard, poussés trop vite et mal soignés, firent la plus sotte figure possible et furent plusieurs jours à se remettre d'une pareille fatigue.

Voici donc la visite tardive qui commence : il y a toujours quelques retardataires dans les membres du jury, dans les commissaires ou les autorités supérieures.

La vache de Mathurin fut examinée avec une attention minutieuse, telle qu'on ne l'accorde d'ordinaire qu'aux meilleures bêtes du concours. C'était une vache de la pure race Durham. Elle avait la croupe large, la ligne des reins bien horizontale, la tête courte, les cornes aussi, les jambes basses, la queue fine. En outre, le cuir souple, ce qui annonce disposition à l'engraissement ; les plus belles marques laitières, le pis jaune, ce qui indique une crème jaune, grasse, et promet une bonne qualité de beurre.

La génisse était de race bretonne. La tête fine, la bouche noire à l'intérieur, les jambes fluettes, la hanche large, la robe noire et blanche, les formes gracieuses, tout offrait en elle des marques caractéristiques suffisantes. La peau et le pis avaient aussi la couleur particulière à celles qui donnent une crème jaune.

Le veau était venu des froides et stériles montagnes de l'Écosse, il représentait la race d'Ayr ou Ayrshire. La queue était trop saillante à la racine, la ligne des reins moins horizontale, la tête plus grosse, les cornes plus longues. Ses jambes nerveuses indiquaient, comme dans la race bretonne, l'habitude des campagnes montueuses où il faut chercher une rare et chétive nourriture. La couleur de la peau et du pis annonçaient encore des qualités beurrières.

Près de ce groupe, une métayère, bavarde plus qu'active et laborieuse, présentait une vache suisse dont la robe n'était pas flatteuse pour l'œil. Cette nuance grise, comme fauve, à raies légèrement noires, plaît moins qu'une couleur plus vive. La ménagère cependant vantait les qualités de sa vache favorite, qui était douce, gentille, tranquille au pâturage. Le jury la trouva osseuse, à la peau dure, aux cornes disgracieuses ; et la servante indiscrète dévoila qu'elle donnait une crème blanche, peu épaisse, peu grasse. En revanche, la quantité moyenne de lait était bonne. Dans un pays où l'industrie des fromages serait productive, elle ne serait pas inquiète du parti qu'elle pourrait tirer de sa vache ; mais elle était sûre que c'était une chétive beurrière.

Une jeune fille à la joue vermeille, à la mine avenante et courtoise, à la démarche timide avec une mise paysanne, riche et coquette, se tenait près d'une belle, grande et grasse vache normande, à la robe rouge, un peu brune et *brangée* de raies noirés, au pis de dimension extraordinaire. Cette vache donnait belle et bonne crème, bel et bon beurre, ce sont les qualités essentielles ; mais la jeune fille questionnée avoua qu'elle était grande mangeuse, ce n'est pas du reste chose secrète. Les fertiles prairies, les grasses pâtures du pays de Caux en Normandie sont peut-être les seules qui puissent nourrir cette race excellente, mais exigeante et difficile d'engraissement.

Avec des qualités différentes, toutes ces vaches eurent cependant les premières médailles, chacune étant supérieure à la majeure partie de celles de sa race.

FORMATION DU PLURIEL DANS LES ADJECTIFS.

Règle générale.

On forme le pluriel dans les adjectifs en y ajoutant un *s*, comme dans les substantifs.

DEVOIRS.

61. Écrire dans une colonne *les noms et les adjectifs* qui sont au singulier dans le neuvième exercice et mettre le pluriel en face.

MODÈLE.

Le *dernier* soleil.   Les *derniers* soleils.

62. Écrire dans une colonne les *noms* et les *adjectifs* qui sont au pluriel dans le neuvième exercice, et mettre le singulier en face.

MODÈLE.

Les *tièdes* pluies.   Une *tiède* pluie.

63. Analyse des dix premiers *noms* et des dix premiers *adjectifs* du neuvième exercice.

MODÈLE.

Dernier. . . . . adjectif masculin singulier.
Soleil. . . . . nom   masculin singulier.
Terre. . . . . nom   féminin singulier.
Humide. . . . . adjectif féminin singulier.

64. Écrire les noms du cinquième exercice en y ajoutant un adjectif. *Ex.:* Le *jeune* berger, la *petite* vache.

65. Écrire en face dans une deuxième colonne les mêmes noms et adjectifs, en les mettant au pluriel. *Ex.:*

Le *jeune* berger.   Les *jeunes* bergers.
La *petite* vache.   Les *petites* vaches.

66. Écrire au masculin singulier les adjectifs du dixième exercice, en les faisant précéder ou suivre d'un des mots *homme* ou *objet*.

MODÈLE.

Un homme *fameux*.

67. Mettre en face les mêmes adjectifs au masculin pluriel.

MODÈLE.

Un homme *fameux*.   Des hommes *fameux*.

68. Mettre les mêmes adjectifs au féminin singulier, en les faisant précéder ou suivre d'un des mots : *personne* ou *chose*.

69. Mettre en face les mêmes adjectifs au féminin pluriel.

Faire le travail des n°ˢ 66, 67, 68 et 69 sur les exercices 11, 12, 13, 14.

DICTÉES.

Dicter quelques adjectifs avec le nom auquel ils se rapportent, en faisant varier le genre et le nombre.

Première règle particulière

SUR LA FORMATION DU PLURIEL DANS LES ADJECTIFS.

Les adjectifs terminés par *s* ou *x* au singulier, ne changent pas au pluriel, comme dans les substantifs.

Deuxième règle particulière.

Les adjectifs terminés au singulier par *eau* prennent un *x* au pluriel.

Troisième règle particulière.

La plupart des adjectifs terminés au singulier par *al*, changent *al* en *aux* pour le pluriel. Excepté *fatal, filial, final, frugal, glacial, naval, pascal* et quelques autres qui forment leur pluriel suivant la règle générale.

DEVOIRS.

70. Mettre au pluriel les adjectifs terminés par *s* ou *x* qui se trouvent dans le neuvième exercice et dans le dixième.

71. Mettre au pluriel les adjectifs terminés par *eau* qui se trouvent dans le douzième exercice.

72. Copier le seizième exercice en soulignant tous les adjectifs en *al*.

73. Écrire ceux qui forment leur pluriel suivant la règle générale et non suivant la troisième règle particulière.

74. Écrire tous les adjectifs du seizième exercice avec le nom auquel ils se rapportent.

75. Travail du n° 67.

76. Travail du n° 68.

77. Travail du n° 69.

SEIZIÈME EXERCICE.

CHAULAGE DU BLÉ POUR SEMENCE.

Un Parisien, original et distrait, souhaite le bonjour à Mathurin occupé d'un travail rural.

— L'ami, vous labourez avec une jolie charrue.

— Pardon, monsieur, je ne laboure pas, et cet outil-là n'est pas une charrue, c'est plutôt.....

— Eh! certainement. C'est que votre soleil méridional m'avait d'abord ébloui. Je vois maintenant que c'est une herse.

— Pardon de vous contredire, monsieur, nous ne sommes point dans des pays méridionaux, et mon instrument n'est pas une herse, c'est plutôt.....

— Eh mais... certainement, cet essieu horizontal... Ah! oui, s'écrie-t-il enfin, ce tube vertical... Je vois la farine qui descend par ces tubes verticaux pour se semer dans la petite rigole.

— Et il lèvera du pain, ajoute gravement le fermier.

— Paysan, vous vous raillez. Vous ne savez pas peut-être que je suis Parisien et conseiller municipal. Donnez-moi plutôt un enseignement verbal et loyal; ce sera dans l'intérêt social et national, puisque je suis homme public.

Le fermier jovial, mais obligeant, suspendit son travail matinal et le Parisien, souriant d'un air amical, sortit de sa poche un colossal carnet sur lequel il s'apprêtait à noter les explications du cultivateur provincial.

— Vous devez savoir, commença Mathurin, que les blés sont sujets à une maladie que nous nommons *le bouton* et que les livres appellent *la carie*. Le nom n'y fait rien, le mal est le même. Le grain noircit dans l'épi, la maladie est contagieuse; c'est comme le choléra, et on ne peut la guérir. Il faut s'y prendre avant de semer; quand le blé est levé, il est trop tard, il n'y a plus de remède. Mais si on a la précaution de *chauler* la semence, on n'a plus rien à craindre de ce mal fatal.

On étend donc un hectolitre de froment, par exemple, sur l'aire de la grange et on l'arrose avec huit litres d'eau où on a fait fondre 640 grammes de sulfate de soude acheté chez un pharmacien.

On tourne et retourne le grain pour qu'il soit bien mouillé partout. Puis on le saupoudre avec 2 kilogrammes de chaux qu'on a réduite en poudre en la plongeant dans de l'eau et en la retirant immédiatement (si la chaux était éteinte d'avance, elle ne produirait plus d'effet).

On remue encore le grain, il se trouve ainsi roulé dans une poussière de chaux blanche comme de la farine, c'est ce qui vous a trompé tout à l'heure...

— Assez, bon villageois, l'homme est sujet à l'erreur, comme dit le latin. Mais, ajoutez encore un mot final et capital. Peut-on préparer ainsi la semence quelques jours avant de l'employer?

— Huit jours ne la perdraient pas, pourvu qu'on remue et retourne de temps en temps.

— Adieu, homme des champs. Malgré votre simplicité, je vois avec plaisir que vous avez des notions du système décimal et légal, puisque vous savez exprimer les poids en grammes et non plus en onces. Vous avez aussi connaissance de la nomenclature adoptée aujourd'hui en chimie, puisque vous dites du sulfate de soude et non plus du sel de glauber. De tous ces progrès, je bénis le gouvernement impérial et l'enseignement national.

— Pardon, monsieur, de vous contredire encore une fois; au temps que j'allais à l'école nous étions sous un gouvernement royal, et je ne sais pas ce que c'est que la chimie; mais j'ai un respect filial pour un maître agriculteur qui a su faire de petits livres à notre portée, et je vous dis de mon mieux ce que j'y ai appris.

Récapitulation

SUR LES RÈGLES D'ACCORD DE L'ADJECTIF.

DEVOIRS.

78. Copier le dix-septième exercice.

79. Écrire les adjectifs se rapportant à un seul nom avec le *nom* auquel il se rapportent.

80. Écrire les *adjectifs* qui sont au *pluriel* parce qu'ils se rapportent à *plusieurs noms* et écrire aussi ces *noms*.

81. Mettre en face ces *adjectifs* au *singulier* en supprimant un des *noms*.

MODÈLE.

Le raisin rouge et le raisin blanc *mûrs*. Le raisin rouge *mûr*.

82. Écrire les adjectifs qui se rapportent à plusieurs noms de genres différents.

DIX-SEPTIÈME EXERCICE.

LE VIN.

Le raisin blanc et le raisin noir sont mûrs; l'un et l'autre sont bons cette année. La vigne et le blé ont été beaux toute la saison ; la vendange et la moisson seront abondantes.

Appelle les vendangeurs : la hotte et la serpette sont prêtes, la citerne et le pressoir sont propres.

Est-il bon, est-il mauvais d'*égrapper* ? C'est selon.

Le vin rouge et le blanc sont plus délicats lorsqu'on *égrappe* ; mais l'un et l'autre seront aigres plus tôt par' cette méthode. Voici pourquoi :

Il existe dans les pépins et dans la *rafle* de la grappe des matières ou principes acerbes (âpres) astringents qui se mêlent au vin pendant les opérations du *cuvage* et du *pressurage*, et qui contribuent à la conservation du vin, comme le houblon à celle de la bière.

Les vins de quelques crus ne peuvent se conserver en l'absence de ce principe ; certains autres ont besoin d'en contenir au moins une petite quantité; quelques-uns n'ont pas trop de la totalité.

Il faut donc égrapper le raisin en tout ou en partie, ou ne pas égrapper, suivant ce qu'on a observé sur la qualité de son vin.

Quand faut-il *fouler* ?

Le mieux est d'écraser le raisin en le mettant dans la cuve ; puis de se dispenser du *foulage*.

Mais si l'on n'écrase pas le raisin, il faudra bien *fouler*, pour l'écraser dans la cuve; alors le mieux est de le faire le plus tôt possible, pour les raisons suivantes :

1.º Pendant que le raisin reste entier, la masse fermente moins également.

2º Si l'on foule quand le chapeau s'est formé, et contient déjà quelques principes acides, en le mêlant à la masse, on risque de faire aigrir tout le vin.

Doit-on couvrir la cuve pendant la fermentation ?

Oui, toujours.

Si on ne la couvre pas, le vin dont le chapeau est imprégné aigrit davantage, et peut même se corrompre lorsque la saison est chaude. En outre, il se fait une évaporation, une perte considérables.

Quelquefois il est bon d'ajouter de la mélasse ou du sucre, pour donner au vin plus de *spirituosité* (plus d'alcool). Lorsque le raisin n'a pas bien mûri, le principe sucré ne s'est pas assez développé, la fermentation et la chaleur nécessaires ne se produisent pas dans la cuve, le vin resterait plat. En ajoutant pendant le *cuvage* une certaine quantité de sucre, on supplée à celui qui manque dans le raisin. La mélasse et le miel sont bons au même usage, mais donnent au vin une saveur désagréable.

Quand doit-on *décuver ?*

Aussitôt que la fermentation est terminée, ce qui se reconnaît aux signes suivants :

1º Le chapeau qui s'était élevé successivement s'abaisse, parce qu'il n'est plus soutenu par les gaz qui s'échappaient pendant le travail de la fermentation.

2º Le *moût* a perdu toute saveur douce et sucrée.

Si on laisse macérer après que la fermentation a cessé, on aura un vin plus coloré, mais aussi il sera plus âpre.

Le soin et l'entretien du vin sont fort importants, qu'il soit en barriques ou en bouteilles. La propreté et le remplissage sont indispensables.

Mais un dernier conseil : Craignez plus encore de trop aimer le vin que d'en faire de mauvais. Le vin est l'ennemi de l'homme qui en abuse ; il est l'ami de celui qui en use sobrement.

Déterminatifs.

(Voir le tableau ci-contre.)

DÉTERMINATIFS.

Nous appellerons adjectifs déterminatifs, ou simplement déterminatifs, les mots inscrits dans le tableau ci-dessous.

Les déterminatifs se placent avant le nom ou avant l'adjectif qui précède le nom. Ex.: *mon* cheval, *ce* beau cheval.

Articles.

Les déterminatifs articles annoncent que le nom est pris dans un sens déterminé.

SINGULIER.	PLURIEL.
Masculin. le	les
Féminin. la	

Devant une voyelle ou un h muet, on retranche *e* et *a* dans les articles *le* et *la* et on met un apostrophe comme signe de la lecture retranchée.

Ex.: L'âme, l'homme.

L'h est muet le plus souvent. Cependant il est aspiré dans hache, haie, hameau, hangar, haricot, harnais, hasard, haut, héros, hibou, honte, houe, hutte, et beaucoup d'autres.

Remarque. — Le et la placés après un des mots à *an* *de* se réunissent avec ce mot et forment ce qu'on appelle une contraction.

à le } fait { au
de le } fait { du
à les } fait { aux
da les } fait { des

Démonstratifs.

Les déterminatifs démonstratifs indiquent, montrent en quelque sorte, la personne ou la chose.

SINGULIER.		PLURIEL.
Masculin.	Fém.	
devant une consonne ou un h aspiré:	devant une voyelle ou un h muet:	
ce	cet cette	ces

Ne pas confondre *ces* démonstratif et *ses* possessif.
Ex.: Malhurin est riche, *ces* champs que vous voyez font partie de *ses* propriétés.

Possessifs.

Les démonstratifs possessifs font connaître à qui appartient la personne ou la chose.

SINGULIER.			PLURIEL.
Masc.	Fémin.	Fémin. devant une voyelle ou un h muet	
	devant une consonne ou un h aspiré		
mon	ma	mon	mes
ton	ta	ton	tes
son	sa	son	ses
notre			nos
votre			vos
leur			leurs

Interrogatifs et exclamatifs.

Le déterminatif interrogatif et exclamatif s'emploie pour les interrogations et les exclamations.

quel
quelle
quels
quelles

Ex.: Quel homme avez-vous vu? Quel homme remarquable!

Déterminatifs de quantité.

Les déterminatifs de quantité indiquent la quantité des personnes ou des choses. Ceux qu'on appelle numéraux servent à compter, et peuvent tous s'écrire avec des chiffres.

SINGULIER	PLURIEL
aucun	
nul, nulle	
chaque	
tout, toute	tous, toutes
quelque	quelques
	plusieurs

DÉTERMINATIFS NUMÉRAUX (1).

un, une	quinze
deux	seize
trois	dix-sept
quatre	dix-huit
cinq	dix-neuf
six	vingt
sept	trente
huit	quarante
neuf	cinquante
dix	soixante
onze	quatre-vingt
douze	quatre-vingt
treize	cent
quatorze	mille

Remarque. — Quatre-vingt et cent sont les seuls qui prennent quelquefois la marque du pluriel.

(1) Deuxième, centième, etc., qu'on forme des déterminatifs numéraux en y ajoutant la terminaison *ième*, sont des adjectifs, aussi bien que *premier, second, dernier.*

DEVOIRS.

83. Copier le dix-huitième exercice.

84. Écrire tous les *articles* de cet exercice avec le nom auquel ils se rapportent et en faire l'analyse.

MODÈLE.

La. . . . . art. fém. sing.

Fermière. . . . . nom id. id.

85. Écrire et analyser de même les déterminatifs *démonstratifs.*

86.   id.   les déterminatifs *possessifs.*

87.   id.   les *interrogatifs* et *exclamatifs.*

88.   id.   les déterminatifs *numéraux.*

89.   id.   les autres déterminatifs de *quantité.*

90.   id.   les *contractions* de l'article, et les décomposer.

91. Copier de nouveau le dix-huitième exercice en soulignant tous les *déterminatifs.*

Prendre des devoirs analogues dans tous les exercices.

DICTÉES.

Dicter, avec les noms et les adjectifs qualificatifs du dix-huitième exercice, les déterminatifs qui les accompagnent.

DIX-HUITIÈME EXERCICE.

LE CELLIER ET LE CIDRE.

La fermière et son mari conduisent l'acheteur dans le cellier pour lui faire goûter du cidre.

Quelle infection ! Aucun odorat ne peut supporter ce mélange de moisi, d'aigre, de corrompu.

Une certaine boue demi-liquide colle aux pieds; plusieurs toiles d'araignées se détachent du plancher pour flotter au-dessus de la tête.

— Votre cidre ne peut être bon, dit l'étranger. Avec ces odeurs, il doit avoir aigri.

— Mon cidre est excellent, monsieur. Je récolte les meilleures pommes de notre pays; l'année était bonne; le cidre a été fait avant la gelée ; il a bien bouilli dans les tonneaux. Je vous assure que le goût vous en conviendra.

La ménagère présente sa cruche, on prend un peu de

cidre avec la sonde; l'habile acheteur ne s'était pas trompé, le cidre avait aigri.

Tenez vos celliers bien propres, si vous voulez que votre cidre conserve sa qualité.

Notre propriétaire ne put donc faire son acquisition dans cette première ferme, il alla jusqu'au second village qu'on lui avait indiqué. Cinq maisons le composaient. Il s'adressa au premier habitant qu'il rencontra et demanda où il se trouvait du cidre à vendre. L'homme offrit de faire goûter son cidre, fait avec des pommes telles qu'aucun voisin n'en avait de pareilles; certain monsieur de la ville en achetait tous les ans; vingt personnes en retenaient d'avance.

— J'ai des amis qui s'y connaissent, répondit l'étranger; et mes enfants sont difficiles.

— Jeanne, apporte ta lanterne, dit le paysan. Prends tes clefs; voyons au cellier, à la cave. Ce monsieur veut goûter notre cidre.

Jeanne arrive avec sa lanterne et ses clefs.

Quelle belle cave! chaque chose est à sa place; point de mauvaise odeur. Comment se fait-il que le cidre soit acide et mauvais?

— Mon ami, dit l'acheteur, comment faites-vous pour faire fermenter votre pâte quand vous boulangez?

A cette question, le fermier ouvre de grands yeux étonnés. Cependant il répond:

— J'y mêle un peu de vieille pâte aigrie, que nous appelons du levain, ou de la levure.

— Et cela fait aigrir toute la pâte nouvelle, continue le monsieur. Le pain en est meilleur; mais je n'avais jamais ouï dire qu'on dût faire la même chose pour le cidre.

— Y pensez-vous! se récrie le fermier: mêler du levain à notre cidre! Il tournerait en quelques jours.

— Eh pourquoi donc laissez-vous vos tonneaux mal nettoyés: l'acidité qui y reste est comme un vieux levain qui fait fermenter le cidre nouveau.

— Aussitôt qu'un fût est vide, on doit le laver soigneusement pour enlever toute la lie. Puis encore, au moment de faire le cidre, on doit laver de nouveau tous ses tonneaux avec une lessive de cendre ou de l'eau de chaux, qui enlève tous les principes acides. »

Là-dessus, le citadin salua et se dirigea vers une autre ferme.

On dit qu'il en visita six, dans quatre villages différents, avant de trouver deux barriques d'un cidre bien conservé.

Ses propres fermiers n'avaient plus de cidre à vendre. Sans quoi, il serait allé chez eux tout d'abord, quoique leur ferme soit dans ces champs que vous voyez là-bas. Cependant il alla visiter leurs celliers, leurs fûts, et ces braves gens reçurent ses conseils avec une pleine confiance. L'entêtement ni l'humeur n'aveuglaient leur esprit : de sorte qu'ils comprenaient ses explications. Aussi, profitant de ces avis et des fautes de leurs voisins, ils purent l'année suivante offrir aux amateurs, et vendre fort cher du cidre d'excellente qualité.

Pronoms.

(Voir le tableau ci-après.)

DEVOIRS.

92. Copier le dix-neuvième exercice.

93. Écrire tous les *pronoms personnels* et en faire l'analyse.

MODÈLE.

Moi. . . . . pronom personnel. 1re pers. masc. sing.

94. Même travail sur les *pronoms démonstratifs.*

95.	id.	—	*possessifs.*
96.	id.	—	*conjonctifs.*
97.	id.	—	*indéfinis.*

98. Copier de nouveau le dix-neuvième exercice et souligner tous *les pronoms.*

Faire des devoirs analogues sur tous les exercices.

3

LE PRONOM (pour le nom). — *Il y a cinq sortes de pronoms.*

Le pronom tient la place du nom.

Personnel.

Le pronom personnel désigne les personnes.

Il y a trois personnes :

La 1re est celle qui parle.
La 2e est celle à qui on parle.
La 3e est celle de qui on parle.

	SINGULIER.	PLURIEL.
1re Pers.	Je, Me, Moi	Nous
2e Pers.	Tu (1), Te, Toi	Vous

	Masc.	Fémin.	Masc.	Fémin.
3e Pers.	Il	Elle	Ils	Elles
	Le	La	Les	
	Lui	Se	Leur	
	Soi	Se		
	En	Y		

(1) *Tu, te, toi,* s'emploient dans le langage familier. C'est ce qu'on appelle *tutoyer. Vous* se dit au singulier pour plus de politesse. Ex. *Mon père, vous êtes bon.*

1re Remarque. — *Le, la, les,* pronoms, sont toujours suivis d'un verbe. *Le, la, les,* articles sont toujours suivis d'un nom.

2e Remarque. — Le pronom personnel *leur* ne prend jamais s, il accompagne toujours un verbe. L'adjectif possessif *leur* prend un s au pluriel et est toujours suivi d'un nom.

Démonstratif.

Le pronom démonstratif indique, montre en quelque sorte, l'objet qu'il représente.

SINGULIER.

Masculin.	Féminin.
ce	celle
celui	celle-ci
celui-ci	celle-là
celui-là	
ceci	
cela	

PLURIEL.

ceux	celles
ceux-ci	celles-ci
ceux-là	celles-là

ce pronom démonstratif signifie *ceci,* la chose. Il est toujours suivi du verbe être. Ex. : *c'est* vrai (ceci est vrai), ou de *qui, que, quoi, dont. Ce que je dis* (la chose que je dis).

ce adjectif démonstratif est suivi d'un nom, comme tous les déterminatifs : Ex. : *ce* livre.

Possessif.

Le pronom possessif indique, par qui est possédé l'objet qu'il représente.

SINGULIER.

Masculin.	Féminin.
le mien	la mienne
le tien	la tienne
le sien	la sienne
le nôtre	la nôtre
le vôtre	la vôtre
le leur	la leur

PLURIEL.

les miens	les miennes
les tiens	les tiennes
les siens	les siennes
les nôtres	les nôtres
les vôtres	les vôtres
les leurs	

REMARQUE.

le nôtre, le vôtre
la nôtre, la vôtre
les nôtres, les vôtres
prennent un accent circonflexe pour se distinguer de
notre
votre
adjectifs possessifs.

pronom personnel signifie soi, lui, eux, elle, elles. Ex. : L'enfant se blesse (il blesse *soi*).

Conjonctif.

Le pronom relatif ou conjonctif joint le nom qu'il remplace au membre de phrase suivant.

SINGULIER.

Masculin.	Féminin.
lequel	laquelle
duquel	de laquelle
auquel	à laquelle

PLURIEL.

lesquels	lesquelles
desquels	desquelles
auxquels	auxquelles

qui (1)
que
quoi (2)
dont (3)

(1) *qui, que* sont aussi interrogatif et exclamatif.
(2) *Quoi* est interrogatif et exclamatif.
(3) *Dont* remplace de qui, du quel, de laquelle, et leurs pluriels.

Indéfini.

Le pronom indéfini indique d'une manière vague les personnes ou les choses qu'il représente.

SINGULIER.

Masculin.	Féminin.
l'un	l'une
l'autre	l'autre
chacun	chacune
quelqu'un	quelqu'une
on	
quiconque	
personne	
autrui	
rien	
aucun (1)	aucune
nul	nulle
tel	telle
tout	

PLURIEL.

les uns	les unes
	les autres
plusieurs	

(1) *Aucun, nul, tel, tout, plusieurs* sont pronoms indéfinis lorsqu'ils remplacent le nom. Ex. *Nul* ne vint.

Ils sont déterminatifs indéfinis lorsqu'ils accompagnent le nom. Ex. *Nul* homme ne vint.

Nul est quelquefois aussi adjectifs. Ex. *Un homme nul,* c'est-à-dire stupide.

DIX-NEUVIÈME EXERCICE.

RATIONS DES VACHES.

— Moi qui te parle, disait Michel, je t'affirme que, ni toi qui m'écoutes et qui as vu bien des foires et des concours, ni Pierre, dont je te parlais tout à l'heure et qui a voyagé plus que nous deux, vous n'avez jamais vu de si belles vaches que celles de mon maître Mathurin, depuis qu'il les nourrit à l'étable.

Il ne les avait mises au pâturage dans les prairies qu'après les regains coupés, et déjà elles n'y vont plus, parce que la pluie a rendu la terre un peu molle. Il dit que leurs pieds font des trous qui rendent le terrain difficile à faucher, et dans lesquels l'eau séjourne, ce qui y fait pousser des touffes de jonc et de carex, qu'il se soucie peu de trouver dans les foins.

Le maître ne veut plus que leur nourriture soit irrégulière : tout est mesuré, pesé. Il a réglé lui-même les rations de chaque jour, partageant toutes les provisions de fourrages et de racines de manière que toutes se prolongent jusqu'au printemps, sans que l'une finisse avant l'autre, parce que la nourriture mélangée est plus saine, dit-il, et aussi de manière que les vaches ne manquent de rien.

Voilà comme nous comptons : Depuis le 15 octobre, où elles ont commencé à être nourries à l'étable, jusqu'au 15 avril, où il est probable qu'on pourra couper la navette et le seigle pour fourrages, il y a six mois : cela fait 6 fois 30 jours, c'est-à-dire 180 jours. Nous devons donc diviser nos provisions en 180 parts pour que chaque jour ait la sienne.

Nous avons mesuré ce grand silo de betteraves, que tu connais : il a 36 mètres de long, ce qui donne 6 mètres par mois, 1 mètre 50 centimètres par semaine, ou 50 centimètres environ pour deux jours. Nous l'avons marqué de 50 centimètres en 50 centimètres pour n'avoir pas toujours à mesurer.

On a pesé tout ce qu'il y a de betteraves entre deux marques; il y en a 500 livres, ou 250 kilogrammes; c'est donc 250 kilogrammes pour deux jours, ou 125 kilogrammes par jour, ce qui fait, si nous avons 10 vaches, 12 kilogrammes environ pour chacune.

Le maître a dit : Il leur faut en outre 5 kilogrammes de foin et 5 kilogrammes de paille à chacune, nulle ne serait bien nourrie à moins.

Le maître d'école a eu la bonté de mesurer nos meules de fourrages ; celle-ci pesait tant, celle-là moins, cette autre davantage : il fit le total et trouva que nous aurions 8 milliers de foin à vendre.

Cependant, comme on avait pu se tromper dans le cubage, parce que les meules ne sont pas parfaitement régulières; comme les fourrages de printemps peuvent pousser plus tard une année que l'autre ; comme le foin devient ordinairement plus cher vers le mois de février, au moment où quelques-uns, n'ayant pas bien calculé ni mesuré, ont achevé trop tôt leur provision et sont obligés de recourir à celle des autres, Mathurin ne s'est pas pressé de vendre notre excédant, qui ne se perd pas quand les meules sont bien faites.

Nous avons bottelé du foin et de la paille, en bottes de 5 kilogrammes chacune ; tout ce que notre fenil peut en contenir. Le maître a mis la clé dans sa poche, et lui et moi nous donnons tous les matins la ration de la journée.

Mais tu m'écoutes comme si je te disais des choses inouïes, extravagantes, qui ne se seraient jamais vues ailleurs que chez nous.

Essaie donc de même pour les vôtres chez ton père. Vos fourrages sont aussi faciles à cuber que les nôtres. Auriez-vous encore dans le plancher du grenier ce trou par lequel on jette le foin sans mesure ni ration ? Demande à ton père de vouloir bien le supprimer ; promets-lui de peser et de distribuer la nourriture de l'étable.

Le maître d'école t'aidera volontiers à cuber vos meules, comme il a fait pour celles de chez nous. Il aime à aider quiconque veut faire quelque amélioration, et plusieurs lui ont déjà demandé ce service. En outre, il se fera un plaisir de te donner des leçons pour que tu saches cuber et calculer toi-même, puisqu'il l'a fait pour moi qui ne suis qu'un *pâtour*. Celles que mon maître me donne tous les jours pour l'ordre et l'économie me seront aussi fort utiles, et, comme dit bien Mathurin, les unes et les autres sont nécessaires dans toutes les positions, aussi bien dans la sienne que dans la tienne et dans la mienne.

LE VERBE

Le verbe exprime une action ou un état : *je laboure, je dors.*

Les mots qui peuvent se placer après un des mots : *Je, tu, il, elle, nous, vous, ils, elles,* sont des verbes.

Chaque verbe prend différentes formes :

1° Suivant que le sujet est à la première, à la deuxième ou à la troisième personne ;

2° Suivant que chacune de ces personnes est au singulier ou au pluriel ;

3° Suivant le temps de l'action ou de l'état ;

4° Suivant le mode ;

Faire passer le verbe par toutes ces modifications, c'est ce qu'on appelle le *conjuguer* (1).

Dans les modèles de conjugaison, nous emploierons comme sujets les pronoms : *Je, tu, il, nous, vous, ils,* bien que les verbes puissent avoir pour sujets d'autres pronoms ou des substantifs.

---

(1) Conjuguer signifie *faire passer sous le joug* des règles.

MODÈLES DES DIFFÉRENTES CONJUGAISONS.

Verbes auxiliaires.

Avoir et *être* sont appelés verbes *auxiliaires* (c'est-à-dire de secours, d'aide), parce qu'on s'en sert pour former certains temps des autres verbes.

PREMIER VERBE AUXILIAIRE.

Avoir.

REMARQUE. Dans le verbe *avoir*, on forme les temps composés en ajoutant à chaque personne des temps simples le participe passé *eu* (1).

Temps simples.		Temps composés.
	INFINITIF.	
Présent		*Passé*
Avoir.		Avoir eu.
	PARTICIPE.	
Présent.		*Passé composé.*
Ayant.		Ayant eu.
Passé simple.		
eu, eue.		
	INDICATIF.	
Présent.		*Passé indéfini.*

Sing.	J'ai Tu as Il a	*Sing.*	J'ai Tu as Il a		eu.
Plur.	Nous avons Vous avez Ils ont	*Plur.*	Nous avons Vous avez Ils ont		

---

(1) Chaque temps composé est placé dans ce tableau en regard du temps simple dont il est formé.

IMPARFAIT.	PLUS-QUE-PARFAIT.
J'avais.	J'avais
Tu avais.	Tu avais
Il avait.	Il avait
Nous avions.	Nous avions } eu.
Vous aviez.	Vous aviez
Ils avaient.	Ils avaient

PASSÉ DÉFINI.	PASSÉ ANTÉRIEUR.
J'eus.	J'eus
Tu eus.	Tu eus
Il eut.	Il eut
Nous eûmes.	Nous eûmes } eu.
Vous eûtes.	Vous eûtes
Ils eurent.	Ils eurent

FUTUR.	FUTUR ANTÉRIEUR.
J'aurai.	J'aurai
Tu auras.	Tu auras
Il aura.	Il aura
Nous aurons	Nous aurons } eu.
Vous aurez.	Vous aurez
Ils auront.	Ils auront

CONDITIONNEL.

Présent.	*Passé.*
J'aurais.	J'aurais
Tu aurais.	Tu aurais
Il aurait.	Il aurait
Nous aurions.	Nous aurions } eu.
Vous auriez.	Vous auriez
Ils auraient.	Ils auraient

IMPÉRATIF.

Présent.

Aie.

Ayons.

Ayez.

SUBJONCTIF.

Présent.	Passé.
Que j'aie.	Que j'aie
Que tu aies.	Que tu aies
Qu'il ait.	Qu'il ait
Que nous ayons.	Que nous ayons } eu.
Que vous ayez.	Que vous ayez
Qu'ils aient.	Qu'ils aient

IMPARFAIT.	PLUS-QUE-PARFAIT.
Que j'eusse.	Que j'eusse
Que tu eusses.	Que tu eusses
Qu'il eût.	Qu'il eût
Que nous eussions.	Que nous eussions } eu.
Que vous eussiez.	Que vous eussiez
Qu'ils eussent.	Qu'ils eussent

Remarques

SUR LES TERMINAISONS LES PLUS ORDINAIRES POUR LES DIFFÉRENTES PERSONNES DES VERBES.

1° La 1re personne du singulier finit le plus souvent par *s*, jamais par *t*.

2° La 2e personne du singulier finit presque toujours par *s*, jamais par *t*.

3° La 3e personne du singulier finit le plus souvent par *t*, jamais par *s*.

4° La 1re personne du pluriel finit toujours par *s*.

5° La 2e personne du pluriel finit le plus souvent par *ez*.

6° La 3e personne du pluriel finit toujours par *nt*.

DEVOIRS.

99. Écrire dans la première colonne les *temps simples du verbe avoir*.

100. Dans la deuxième, les *temps composés*.

101. Copier le vingtième exercice.

102. Souligner toutes les *formes du verbe avoir* qui se trouvent dans cet exercice.

103. Les analyser ainsi :

MODÈLE.

Nous avons ; verbe avoir, prem. pers. pl. prés. ind.

104. Copier le *verbe avoir* en ajoutant à chaque personne un des *noms du cinquième exercice.*

MODÈLE.

> J'ai *un berger.*
> Tu as *une vache.*

105. Copier encore le *verbe avoir* en mettant les mêmes *noms* au *pluriel* avec les *déterminatifs numéraux.*

MODÈLE.

> J'ai *deux bergers.*
> Tu as *trois vaches.*

106. Devoirs analogues avec les *noms* des exercices : 6, 7, 8.

107. Écrire dans une colonne *toutes les formes* du *verbe avoir* qui se trouvent dans le vingtième exercice et conjuguer en regard *les temps* auxquels elles appartiennent.

MODÈLE.

Nous *avons.*   J'ai
                       Tu as
                       Il a
                       Nous avons
                       Vous avez
                       Ils ont

DICTÉES.

On peut dicter tous les membres de phrase du vingtième exercice, où se trouve le verbe avoir.

> Nous avons une botte de paille,
> Nous aurons des betteraves.

Faire étudier d'avance, et ne pas dicter la phrase entière; l'élève ne peut encore suivre le sens et l'accord de beaucoup de mots à la fois.

VINGTIÈME EXERCICE.

REPAS DES VACHES.

Nous avons une demi-botte de paille et une demi-botte de foin pour la journée de chaque vache. Nous aurons en outre 120 kilogrammes de betteraves ou de carottes, de sorte que chacune de nos dix vaches aura 12 kilogrammes de racines

3.

pour sa part. Voyons, Michel, tu as la charge de régler tout cela, il faut que tu aies soin de bien distribuer les rations et les heures des repas.

Les vaches ont eu à cinq heures pour leur premier repas la moitié de leur demi-botte de paille, elles auront à huit heures 6 kilogrammes de racines. Elles ont ensuite besoin de nourriture sèche, tu auras l'attention de leur donner à onze heures la moitié de leur botte de foin. Tu as pour une heure le reste de leur ration de racines. Pour quatre heures nous avons le reste de la demi-botte de foin, et la paille pour six heures ; ou bien nous aurions la paille d'abord et le foin ensuite.

Les bestiaux ont besoin d'avoir leurs heures de repas bien réglées, ils auront ainsi l'esprit moins inquiet.

J'avais l'année dernière une servante qui aurait eu grand penchant à soigner mes vaches suivant ses caprices. Pauvres bêtes, vous qui avez faim à heure fixe, dont l'estomac a une horloge qui marche si régulièrement, vous aviez beaucoup à souffrir.

Une autre vachère avait l'habitude de donner toute la paille en une fois, puis tout le foin, puis toutes les betteraves.

Il n'y aurait eu ainsi que trois repas, et, quoique les vaches eussent eu cependant la même quantité de nourriture, elle leur aurait fait moins de bien, parce que la vache a du dégoût pour les aliments qu'elle a eus trop longtemps devant elle.

J'ai eu aussi un *pâtour* qui, sans donner tout à la fois, avait une autre mauvaise habitude, que j'eus bien de la peine à faire changer. Il donnait d'abord tous les repas de paille, par exemple, puis ceux de foin, puis les racines avaient leur tour.

Tu as plus d'intelligence, Michel, tu auras plus de soin, j'espère, et le troupeau aura un bon hiver. Je ne voudrais pas avoir sans cesse à te surveiller. Il faut que tu aies la conscience de faire ton ouvrage comme si j'avais toujours l'œil sur toi.

D'ailleurs, tu as un peu d'amitié pour tes vaches, elles ont eu tes soins aux pâturages, elles en auront la continuation à l'étable.

Les animaux ont comme nous le sentiment de la souffrance

et du bien-être, c'est presque une bonne action que de leur faire du bien.

Celui qui n'a pas de bonté pour les bêtes s'endurcit le cœur et n'aura guère de bonté pour les hommes.

DEUXIÈME VERBE AUXILIAIRE.

Être.

REMARQUE. Dans le verbe *être*, on forme les temps composés en ajoutant à chaque personne des temps simples du verbe *avoir*, le participe passé *été*.

Temps simples.		Temps composés.
	INFINITIF	
Présent.		*Passé,*
Être.		*Avoir été.*
	PARTICIPE	
Présent.		*Passé composé.*
Étant.		*Ayant été.*
Passé simple.		
Été.		
	INDICATIF	
Présent.		*Passé indéfini.*
Je suis.		J'*ai*
Tu es.		Tu *as*
Il est.		Il *a*
Nous sommes.		Nous *avons* été.
Vous êtes.		Vous *avez*
Ils sont.		Ils *ont.*
IMPARFAIT,		PLUS-QUE-PARFAIT.
J'étais.		J'*avais*
Tu étais.		Tu *avais*
Il était.		Il *avait*
Nous étions.		Nous *avions* été,
Vous étiez.		Vous *aviez*
Ils étaient.		Ils *avaient*
PASSÉ DÉFINI.		PASSÉ ANTÉRIEUR.
Je fus.		J'*eus*
Tu fus.		Tu *eus*
Il fut.		Il *eut*
Nous fûmes.		Nous *eûmes* été.
Vous fûtes.		Vous *eûtes*
Ils furent.		Ils *eurent*

FUTUR.	FUTUR ANTÉRIEUR.
Je serai.	J'aurai
Tu seras.	Tu auras
Il sera.	Il aura
Nous serons.	Nous aurons } été.
Vous serez.	Vous aurez
Ils seront.	Ils auront

CONDITIONNEL.

Présent.	*Passé.*
Je serais.	J'aurais
Tu serais.	Tu aurais
Il serait.	Il aurait
Nous serions.	Nous aurions } été.
Vous seriez.	Vous auriez
Ils seraient.	Ils auraient

IMPÉRATIF.

Présent.

Sois.
Soyons.
Soyez.

SUBJONCTIF.

Présent.	*Passé.*
Que je sois.	Que j'aie
Que tu sois.	Que tu aies
Qu'il soit.	Qu'il ait
Que nous soyons	Que nous ayons } été.
Que vous soyez	Que vous ayez
Qu'ils soient.	Qu'ils aient.

IMPARFAIT.	PLUS-QUE-PARFAIT.
Que je fusse.	Que j'eusse
Que tu fusses.	Que tu eusses
Qu'il fût.	Qu'il eût
Que nous fussions.	Que nous eussions } été.
Que vous fussiez.	Que vous eussiez
Qu'ils fussent.	Qu'ils eussent

DEVOIRS.

108. Copier dans une colonne les *temps simples* du verbe *être*.
109. Copier dans une autre colonne les *temps composés*.
110. Copier le vingt et unième exercice.

111. Souligner le verbe *être sous toutes ses formes* dans le vingt et unième exercice.

112. Analyser comme au n° 103.

113. Copier le verbe *être* en ajoutant à chaque personne un des *adjectifs* du neuvième exercice (en commençant au deuxième alinéa), et les mettant au *singulier* avec les trois personnes du *singulier*; au *pluriel* avec les trois personnes du *pluriel*.

MODÈLE.

Je suis vigilant.
Tu es pesant.
Il est docile.
Nous sommes solides.
Vous êtes brillants.
Ils sont acérés.

114. Même devoir en mettant tous les *adjectifs au féminin*. Alors on emploiera pour la conjugaison *elle, elles,* au lieu de *il, ils.*

MODÈLE.

Je suis vigilante.
Tu es pesante.
Elle est docile.
Nous sommes solides.
Vous êtes brillantes.
Elles sont acérées.

115. Devoirs analogues en prenant les *adjectifs* des exercices sur les règles particulières pour *la formation du féminin* dans les numéros 10, 11, 12, 13, 14.

116. Écrire toutes *les formes du verbe être* qui se trouvent dans le vingt et unième exercice, et conjuguer en regard les temps auxquels elles appartiennent.

117. Analyser toutes *les formes des verbes avoir* et *être* qui se trouvent dans le vingt et unième exercice.

DICTÉES.

Dicter d'abord de petites phrases construites avec *être* (voir le vingt et unième exercice.)

Les tristesses *furent* nombreuses. Tout cela *est* un souvenir, etc.

Dicter ensuite des phrases construites tantôt avec *être,* tantôt avec *avoir.*

VINGT ET UNIÈME EXERCICE.

LE NOUVEL AN.

Où sont les jours qui composaient l'année dernière? Ils
curent des joies et des tristesses; les tristesses y furent peut-
être plus nombreuses que les joies. Tout cela n'est plus qu'un
souvenir, comme celui d'un rêve. Heureux celui pour qui ce
rêve n'est pas un remords !

Que seront les jours de l'année nouvelle? Ils auront aussi
leurs bonheurs et leurs larmes. Ayons soin qu'ils n'aient pas
leurs fautes, afin que le souvenir n'en soit pas amer.

Vous avez eu des contrariétés, des chagrins peut-être, ils
ont été de courte durée; la vivacité de votre âge avait le pou-
voir de les effacer promptement. Cependant les plus pénibles,
ceux qui ont la place la plus douloureuse dans votre mémoire,
ne sont-ils pas ceux qui venaient de vos torts, de fautes plus
ou moins graves ?

La vie a des douleurs, vous aurez bien des pleurs à répan-
dre, mais vous êtes chrétien, vous serez courageux et rési-
gné; Dieu et le temps seront de grands consolateurs.

Si vous aviez le tort d'oublier vos devoirs, si vous étiez
assez malheureux pour vous rendre coupable de fautes graves,
c'est alors que vous seriez à plaindre et qu'il serait difficile
de vous consoler. Le remords est le plus grand des maux,
le repentir seul serait votre remède, et Dieu aurait pitié de
vous.

Mais ne soyons pas si graves, n'ayons pas un visage sévère
pour l'année nouvelle.

Elle commence par des vœux de bonheur. Qu'ils soient
sincères pour ceux à qui nous les adressons. Désirons-leur
tout ce qui peut leur être le plus agréable, tout ce qu'ils désirent avoir pour eux et pour les leurs.

Ayez avec vos grands parents le ton le plus respectueux en
leur souhaitant « la bonne année. » Leur âge ne permet guère
d'espérer qu'ils auront à en commencer beaucoup d'autres,
ils seront tristes en vous embrassant, ayant peu d'espoir de
vivre près de vous l'année entière.

Soyez affectueux avec votre père et votre mère; ils ont eu

tant de bontés dans l'année qui finit. Remerciez-les et promettez qu'ils seront heureux par vous dans celle qui s'avance.

Votre mère a eu soin de chercher pour vos étrennes un petit cadeau qui sera une nouvelle preuve de son affection; elle aura du plaisir à vous l'offrir. Qu'il soit accueilli avec reconnaissance.

Quelques enfants en auront de plus riches dans les villes où on est plus riche et surtout moins économe; mais votre mère a été aussi généreuse à proportion de sa fortune, et vous êtes plus heureux d'ailleurs que les enfants habitués à désirer mille choses plus belles qu'ils ne peuvent avoir.

Un jour vous comprendrez pourquoi la vie des champs est la meilleure, la plus paisible, la plus douce. Elle est la plus naturelle et la plus indépendante.

Il serait à désirer qu'elle fût la plus recherchée.

Allons, jeunes amis, que la journée soit joyeuse, que tous les jours aient pour vous quelque bonheur. Étant vieux et fatigué, j'ai peu de temps à vivre désormais, mais j'aurai été heureux, si mes conseils vous ont été utiles.

Adieu, je suis votre ami, je fus celui de votre père, j'aurai des vœux pour vous jusqu'à mon dernier jour. Aurez-vous des bénédictions pour ma tombe?

CONJUGAISON DES VERBES.

Tous les verbes sont terminés à l'infinitif présent par *er*, *ir*, *oir* ou *re*.

Chacune de ces terminaisons se conjugue sur un modèle différent, comme on le voit dans le tableau ci-joint.

On distingue dans le verbe deux parties : le *radical* et la *terminaison*.

Le *radical* ne change pas dans tout le cours de la conjugaison, lorsque le verbe est régulier.

La *terminaison* change suivant les différences de personne, de nombre, de temps et de mode.

MODÈLES DES QUATRE CONJUGAISONS.

Temps simples.

	1re CONJUGAISON terminée en **er**	2e CONJUGAISON terminée en **ir**	3e CONJUGAISON terminée en **oir**	4e CONJUGAISON terminée en **re**
INFINITIF présent.	plant er,	fin ir,	rec evoir,	rend re,
PARTICIPE présent	plant ant,	fin issant,	rec evant,	rend ant,
Passé simple.	plant é, ée,	fin i, ie,	reç u, ue,	rend u, ue,

INDICATIF présent.

	1re	2e	3e	4e
je	plant e,	fin is,	reç ois,	rend s,
tu	plant es,	fin is,	reç ois,	rend s,
il	plant e,	fin it,	reç oit,	rend
nous	plant ons,	fin issons,	rec evons,	nous rend ons,
vous	plant ez,	fin issez,	rec evez,	vous rend ez,
ils	plant ent.	fin issent.	reç oivent.	ils rend ent.

IMPARFAIT.

	1re	2e	3e	4e
je	plant ais,	fin issais,	rec evais,	rend ais,
tu	plant ais,	fin issais,	rec evais,	rend ais,
il	plant ait,	fin issait,	rec evait,	rend ait,
nous	plant ions,	fin issions,	rec evions,	nous rend ions,
vous	plant iez,	fin issiez,	rec eviez,	vous rend iez,
ils	plant aient,	fin issaient,	rec evaient.	ils rend aient.

PASSÉ DÉFINI.

	1re	2e	3e	4e
je	plant ai,	fin is,	reç us,	rend is,
tu	plant as,	fin is,	reç us,	rend is,
il	plant a,	fin it,	reç ut,	rend it,
nous	plant âmes,	fin îmes,	reç ûmes,	nous rend îmes,
vous	plant âtes,	fin îtes,	reç ûtes,	vous rend îtes,

Temps composés.

On forme les *temps composés*, en ajoutant comme il suit, le participe passé du verbe que l'on conjugue, aux temps simples du verbe *avoir*.

INFINITIF passé.

avoir plant é, reç u, fin i, rend u,

PARTICIPE passé.

ayant plant é, reç u, fin i, rend u,

INDICATIF passé indéfini.

j'ai plant é, reç u, fin i, rend u,

PLUS-QUE-PARFAIT.

j'avais plant é, reç u, fin i, rend u,

PASSÉ ANTÉRIEUR.

j'eus plant é, reç u, fin i, rend u,

FUTUR.

	plant	fin	rec	rend
je	plant erai,	fin irai,	rec evrai,	rend rai,
tu	plant eras,	fin iras,	rec evras,	rend ras,
il	plant era,	fin ira,	rec evra,	rend ra,
nous	plant erons,	fin irons,	rec evrons,	rend rons,
vous	plant erez,	fin irez,	rec evrez,	rend rez,
ils	plant eront,	fin iront,	rec evront,	rend ront.

j'aurai plant é, reç u, fin i, rend u,

CONDITIONNEL *passé* (**1re** *forme*).

CONDITIONNEL *présent*.

	plant	fin	rec	rend
je	plant erais,	fin irais,	rec evrais,	rend rais,
tu	plant erais,	fin irais,	rec evrais,	rend rais,
il	plant erait,	fin irait,	rec evrait,	rend rait,
nous	plant erions,	fin irions,	rec evrions,	rend rions,
vous	plant eriez,	fin iriez,	rec evriez,	rend riez,
ils	plant eraient,	fin iraient,	rec evraient,	rend raient.

j'aurais plant é, reç u, fin i, rend u. *Passé* (2e *forme*).

j'eusse plant é, reç u, fin i, rend u,

IMPÉRATIF.

plant	fin	rec	rend
plant e,	fin is,	rec ois,	rend s,
plant ons,	fin issons,	rec evons,	rend ons,
plant ez,	fin issez,	rec evez,	rend ez.

SUBJONCTIF *présent*.

SUBJONCTIF *passé*. que *j'aie* plant é, reç u, fin i, rend u.

	plant	fin	rec	rend
que je	plant e,	fin isse,	rec oive,	rend e,
que tu	plant es,	fin isses,	rec oives,	rend es,
qu'il	plant e,	fin isse,	rec oive,	rend e,
que nous	plant ions,	fin issions,	rec evions,	rend ions,
que vous	plant iez,	fin issiez,	rec eviez,	rend iez,
qu'ils	plant ent,	fin issent,	rec oivent,	rend ent.

IMPARFAIT.

PLUS-QUE-PARFAIT. que *j'eusse* plant é, reç u, fin i, rend u,

	plant	fin	rec	rend
que je	plant asse,	fin isse,	reç usse,	rend isse,
que tu	plant asses,	fin isses,	reç usses,	rend isses,
qu'il	plant ât,	fin ît,	reç ût,	rend ît,
que nous	plant assions,	fin issions,	reç ussions,	rend issions,
que vous	plant assiez,	fin issiez,	reç ussiez,	rend issiez,
qu'ils	plant assent,	fin issent,	reç ussent,	rend issent.

1re *Remarque.* Le futur et le conditionnel ne se terminent pas en *erai, erais,* etc., que dans la 1re conjugaison. *Ex.*: Je lierai (lier), je lirai (lire), je rendrai (rendre).

2e *Remarque.* Les verbes en *ier,* comme *créer,* ont, à certains temps, deux *e* et do suite et même trois: *Ex.*: je créerai, créée.

3e *Remarque.* Les verbes en *ier,* comme *prier, ployer,* ont, à certaines personnes, deux *i* de suite ou un *y* et un *i*: *Ex.*: que nous priions, que nous ployions.

Verbes de la première conjugaison
Se conjuguant sur PLANTER.

DEVOIRS.

118. Copier le *verbe modèle* de la première conjugaison, en séparant le *radical* et la *terminaison*.

119. Copier le vingt-deuxième exercice, en soulignant tous les *verbes de la première conjugaison*.

120. Ecrire et analyser tous ces verbes.

MODÈLE.

Laboure. . . . . Verbe. 1ʳᵉ conj. 2ᵉ pers. sing. prés. impératif.
Elle amende. . . id. id. 3ᵉ pers. id. id. indicatif.

121. Conjuguer *quelques-uns de ces verbes*, en séparant toujours le *radical* et la *terminaison*.

122. Écrire à la 1ʳᵉ *personne du singulier de l'indicatif présent* tous les verbes de la première conjugaison qui se trouvent dans le vingt-deuxième exercice.

MODÈLE,

Je laboure. J'amende. *Je* cultive. J'étudie.

123. Mettre tous ces verbes à la 2ᵉ *personne du même temps*, puis à *toutes les autres personnes*.

124. Faire le même travail pour les autres temps.

DICTÉES.

Dicter de petites phrases construites avec les verbes de la première conjugaison qui se trouvent dans le vingt-deuxième exercice.

Continuer ainsi pour les exercices suivants, à mesure que l'élève les aura travaillés.

VINGT-DEUXIÈME EXERCICE.

LABOURE TON CHAMP AVANT LA GELÉE; ELLE AMENDE LA TERRE. POUR BIEN CULTIVER, ÉTUDIE TON MÉTIER.

— Tu laboures par un bien mauvais temps, Mathurin; cela prépare mal le guéret pour le printemps.

— Je laboure avant les gelées, elles écraseront les mottes et amenderont la terre. En cette saison, nous n'avons pas peur de travailler la terre mouillée. Après les gelées, ce serait différent; labourée trop humide, elle resterait comme une pâte pétrie et compacte, surtout dans ces champs où elle est forte et argileuse.

— Tu laisseras ces grosses mottes tout l'hiver sans herser?

— Certainement, pour que la gelée les attaque et les émiette mieux que nous n'y arriverions avec beaucoup de travail.

Tout en parlant, Mathurin avait remplacé son vieux soc usé par un soc neuf qu'il boulonna solidement; il visita les autres pièces de sa charrue, vissa et consolida celles qui en avaient besoin, puis il mesura la raie qu'on avait déjà creusée et ajusta la charrue suivant la profondeur qu'il désirait donner à son enrayure. Alors il parla à ses bœufs, leur siffla un air qu'ils aiment et écoutent; leur pas en était plus régulier. La charrue marchait sans qu'on y touchât pour ainsi dire.

— Beau labour, décida le voisin.

— Nous préparons notre terre pour les semailles de printemps, ajouta Mathurin. En mars, nous herserons et roulerons. L'orge poussera à nous charmer.

— Je laisse mon champ en pâture pour l'hiver, objecta le voisin. Mes vaches y trouvent une bonne herbe.

— Elles grattent la terre, voisin, mais pour de l'herbe elles n'en broutent guère. Elles foulent et piétinent le sol mouillé, ce qui ne l'améliore pas, vous l'avouerez. Puis vous donnerez un labour tardif que les gelées n'amenderont point, votre terre restera dure, compacte; l'orge qui aime la poussière pour ainsi dire, donnera peu, parce que vous l'aurez mal cultivée, le trèfle sera mauvais aussi sur ce sol mal préparé, l'herbe le dévorera; vous aurez manqué ainsi deux récoltes, sans compter celles qui échoueront après celles-là, par suite de cette première faute.

— Je ne regarde pas si loin, l'ami, mes vaches beugleraient à l'étable si elles y restaient toute la journée, je n'ai pas de nourriture pour les soigner comme les vôtres.

— J'ai commencé aussi de cette façon, continua Mathurin; demandez à Michel qui gardait le troupeau l'année dernière. Mais j'ai observé, j'ai écouté de bons conseils et, après avoir bien amélioré déjà, j'espère encore perfectionner tous les ans. Remarquez ceci, voisin, nous autres cultivateurs nous marchons le plus souvent sans raisonner ni étudier, comme si notre métier n'était qu'une routine. Aussi l'agriculture est en retard par rapport aux autres industries; aussi nous ne payons pas nos ouvriers aussi cher que ceux des villes, et c'est pourquoi ils désirent quitter la campagne où ils seraient cependant plus heureux. Si nous manquons de bras pour nos travaux, comme cela arrive de plus en plus, c'est donc notre faute. Apprenons notre métier, il sera aussi avantageux que les autres, et il est meilleur parce qu'il est plus paisible, plus naturel, plus libre.

Verbes de la première conjugaison (suite).

REMARQUES.

(Voir le tableau des quatre conjugaisons.)

DEVOIRS.

125. Copier le vingt-troisième exercice et souligner tous *les verbes de la première conjugaison.*

126. Conjuguer au *futur*, au *conditionnel présent* et au *participe passé* tous les verbes en *éer* et *ier*,

127. Conjuguer les mêmes verbes au *présent de l'indicatif* et du *subjonctif.*

128. Conjuguer à *l'imparfait de l'indicatif* et au *présent du subjonctif* les verbes en *ier* et *yer.*

VINGT-TROISIÈME EXERCICE.

LE PAIN.

Cher oncle,

Votre proposition est agréée et nous vous remercierons mille fois si vous nous enseignez votre méthode pour faire du pain plus nourrissant.

La cherté du grain augmente tous les jours, nous y suppléerons par des pommes de terre, des fèves, du riz. Ou plutôt nous vous prierons de nous guider dans nos essais et vous apprécierez ce qui est le plus avantageux.

Je ne nierai pas que jusqu'ici nous avons assez mal réussi. Adieu, mon oncle,

Agréez, je vous prie, l'expression de mon respect,

Votre neveu,

JACQUES.

Mon ami,

Je n'essaierai pas de te prouver que pour faire de bon pain, il faut savoir la chimie; disons seulement que si nous étudiions ce que les chimistes peuvent nous apprendre sur les principes nécessaires à l'entretien de la vie, et sur ceux qui se trouvent dans le blé, par exemple, nous oublierions moins les conditions nécessaires pour obtenir du pain de bonne qualité.

Personne ne niera que le meilleur pain est celui qui contient dans de bonnes proportions tous les principes nécessaires à l'entretien de la vie. Eh bien! les chimistes nous certifieront et prouveront que le blé contient tous ces principes réunis dans les meilleures proportions, si bien que le pain suppléerait à tous les autres aliments.

Mais n'oublions pas qu'ils parlent d'un pain *complet*, dans lequel on a conservé tous les principes que contient la farine de blé.

Il ne faut pas que nous employions la fine fleur seule; il ne faut pas non plus que nous pensions avoir de bon pain avec la farine dont on aurait enlevé cette fine fleur.

Cependant le dernier serait supérieur au premier en qualités nutritives.

Pour obtenir le pain le plus nourrissant, il est nécessaire :

1° Que nous ayons du froment récolté bien mûr;

2° Que nous le nettoyions des mauvaises graines, comme la nielle, la lentille, etc., et aussi du sable et de la poussière;

3° Que nous séparions par le blutage l'écorce ou son, qui a plus d'analogie avec le bois qu'avec la farine et qui est impropre à la digestion;

4° Que la *panification* soit bien faite.

Pour cette dernière partie, il faudra que nous sacrifiions certaines conditions désirables, à cause de la mauvaise installation de votre ferme sous ce rapport. Nous suppléerons du mieux que nous pourrons à la *boulangerie* qui n'existe pas, mais nous ne créerons malheureusement ni un four convenable, ni un pétrin.

Il est temps que je conclue ici en répondant à ce que tu me dis d'une addition de riz, de fèves, de pommes de terre, etc.—Ces farineux ne contiennent pas, comme le blé, tout ce qui est nécessaire à l'entretien de la vie; ils augmenteraient, il est vrai, la quantité de pain, mais le plus souvent en le rendant beaucoup moins nourrissant, parce qu'ils détruisent la sage proportion dans laquelle les divers principes nécessaires à l'entretien de notre vie sont contenus dans le blé. Il faudrait donc manger une plus grande quantité de pain, si bien que ces mélanges ne constitueraient en réalité aucune économie.

Il vaut mieux que nous employions en temps de disette tout ce que peut fournir le blé, c'est-à-dire que nous n'en extrayions que l'écorce ou son, sans aucune perte de farine.

Une mouture bien faite et un bon *blutage* peuvent à la rigueur n'enlever qu'un kilogramme de son sur 100 kilog. de grain ; tandis que le plus souvent on enlève 20 et 25 kilogrammes sur cent, c'est-à-dire qu'on retire, outre *l'écorce* du grain, 18 kilogrammes et plus de bonne farine très-nourrissante mais un peu grise, il est vrai.

Il faut que vous veilliez à ceci en attendant que nous nous occupions de la fabrication du pain.

Mais je crains que vous ne vous effrayiez et ennuyiez d'avance, croyant que j'arrive avec des méthodes difficiles que j'aurais créées sur des théories plus ou moins savantes.

Je n'oublierai pas qu'il faut être *possible* avant tout.

Adieu, mon ami,   Ton oncle dévoué

                                          JEAN.

Verbes de la première conjugaison (suite).

RÈGLES PARTICULIÈRLS.

Première règle. Dans les verbes en *cer*, on met une *cédille* sous le c quand il est suivi d'un *a* ou d'un *o*. *Ex.* : placer, tu *plaçais*, nous *plaçons*.

Dans les verbes en *ger*, on met un *e* après le *g*, quand la terminaison commence par un *a* ou par un *o*. *Ex.* : manger, tu *mangeais*, nous *mangeons*.

Deuxième règle. Dans les verbes en *yer* on change l'y en *i* devant un *e muet*. *Ex.* : essuyer, j'*essuie*, j'*essuierai*.

DEVOIRS.

129. Copier l'exercice suivant en soulignant tous les verbes en *cer* et en *ger*.

130. Écrire un des verbes en *cer* à tous les temps et à toutes les personnes qui prennent la cédille.

MODÈLE.

Commençant. — Nous commençons. Je commençais. Tu commençais, etc.

131. Même travail pour les autres verbes en *cer*.

132. Écrire un des verbes en *ger* aux temps et aux personnes qui prennent un *e* après le *g*.

Nous songeons. Je songeais. Tu songeais, etc.

133. Même travail pour les autres verbes en *ger*.

134. Souligner tous les verbes en *yer* qui se trouvent dans le vingt-quatrième exercice.

135. Conjuguer un de ces verbes à tous les temps et à toutes les personnes où l'*y* se change en *i*.

MODÈLE.

J'emploie.

Tu emploies.

Il emploie, etc.

136. Même travail pour les autres verbes en *yer*.

VINGT-QUATRIÈME EXERCICE.

ENCORE LE PAIN.

— Commençons par relire les notes de mon oncle avant de faire nos essais, disait Mariette à son frère.

— Et renonçons à des *à peu près*, répondit Jacques. Songeons que l'oncle interrogeait hier sur le poids du levain, de l'eau et même du sel.

— Partageons-nous le travail, je commence à lire et tu arrangeras tout au fur et à mesure.

— Oui, tu exerceras ta voix et tu m'emploies pour tout le travail.

— Ne t'effraie pas, je nettoierai la huche, j'essuierai les corbeilles pour la pâte ; je babillerai en rangeant et balayant, cela te désennuiera.

Jacques jugea à propos d'acquiescer à ces propositions et Mariette commença à lire.

« 1° Cent kilogrammes de blé moulu à 75 pour cent, c'est-à-dire ayant donné 75 kilogrammes de farine et perdu 25 kilogrammes de son et recoupes, ou farine grise, donne 100 kilogrammes de pain ;

« 2° Une bonne farine peut absorber environ deux tiers de son poids en eau ;

« 3° A peu près moitié de cette eau s'évapore pendant la cuisson du pain ; de sorte que la farine qu'on délaie avec deux tiers de son poids en eau, ne donnera en pain qu'un tiers de son poids en plus ;

« 4° Il faut 500 grammes, ou une livre, de sel pour 100 kilogrammes de farine.

« 5° On emploie 4 kilogrammes de levain pour 100 kilogrammes de farine. »

— Nous emploierons aujourd'hui 75 kilogrammes de farine, dit Jacques, avec 25 kilogrammes d'eau (25 litres) et trois quarts de livre de sel, ou 375 grammes. Délayons, mélangeons, boulangeons ; après cuisson, il faut que nous ayons 100 kilogrammes de pain.

— Et le levain dont mon oncle te chargeait hier soir ?

— Mon oncle jugea que ce vieux levain conservé depuis douze jours était trop acide. Il pensait qu'on l'emploierait bien en le délayant avec de l'eau de chaux, qui détruirait cette acidité, mais que cela effraierait peut-être. C'est pourquoi il m'engageait à prendre plutôt du levain moins vieux chez le voisin qui boulangeait quatre à cinq jours après nous ; nous le paierons en levain prélevé sur cette pâte-ci ; il aura à son tour du levain plus frais que s'il conservait le sien.

En voici 3 kilog., mélangeons-les dans le quart de nos 75 kilog. de farine, avec ce qu'il faudra d'eau demi-chaude pour faire une bonne pâte. Puis plaçons ce *grand levain* dans de bonnes conditions pour qu'il fermente, et ne le dérangeons pas avant qu'il ait grossi d'un tiers.

— Et quand boulangeons-nous ? interrogea Mariette.

— Demain, prononça une voix qui n'était pas celle de Jacques.

L'oncle s'avança alors et engagea à prendre patience. L'été il suffirait de quatre à cinq heures pour ce *second levain* ; l'hiver, il faut bien vingt-quatre heures.

Le lendemain donc on boulangea ; le grand levain fut mis dans le reste des 75 kilog. de farine ; on délaya avec ce qui était resté des 25 litres d'eau ; on pétrit, on battit la pâte, on la coupa, la pétrit de nouveau. On la partagea pour la battre et la pétrir encore. Jacques avait le bras vigoureux, il boulangea pendant plus d'une demi-heure, puis il plaça la pâte dans un coin de la huche sous des sacs chauds et la laissa fermenter deux heures.

Alors on commença un second et dernier pétrissage, puis on fit les pains qu'on arrangea dans les corbeilles et on attendit une nouvelle fermentation. Au bout de deux heures encore, la pâte s'était gonflée d'un tiers de son volume.

Pendant ce temps-là, Jacques changeant de fonctions, avait chauffé le four. Il n'oublia pas de le nettoyer, de balayer les cendres.

Lorsqu'on commença à enfourner, l'oncle engagea à tenir les paniers couverts pendant le petit trajet de la ferme au four; car on boulangeait à la ferme et le four en était à quelque distance, suivant la disposition générale dans nos campagnes.

Cependant le *pâtour* apportait tous les pains d'avance, et ils refroidissaient à l'air autour du four; Mariette enrageait, mais Jacques se chargea de commander les mouvements, il corrigea le *pâtour* et tout s'arrangea.

Au bout d'une demi-heure, l'oncle annonça que le pain devait être cuit.

— Jugeons-en, dit Mariette.

Elle ne jugea que de la mine, l'oncle exigea qu'on attendît le lendemain pour le peser et le goûter.

Les résultats furent bons sans doute, car depuis ce temps : 1° on renonça au levain acide qui fait mal fermenter la pâte et gâte le goût du pain ; 2° on boulangea à deux fois pour avoir du pain plus léger, se *trempant* mieux dans le bouillon, et plus nourrissant parce qu'il est plus digestif; 3° on protégea toujours la pâte contre le froid en la portant au four et on ne l'apporta que juste au moment d'enfourner. Lorsqu'on n'emploie pas cette précaution, le dessus de la pâte se refroidit et cesse de lever pendant qu'elle fermente encore à l'intérieur, il s'en suit que le dessus se détache et qu'on a une croûte toute séparée de la mie; 4° on propagea dans le voisinage les conseils de l'oncle Jean.

Bientôt le bruit courut que dans ces villages on avait une

4

espèce de blé qui donne plus de pain que les autres. Encore maintenant on la recherche pour semence et on la paie au-dessus du cours, quoique Jacques essaie toujours de faire comprendre que la même farine donne plus ou moins de pain, et du pain meilleur ou moins bon, suivant qu'on a bien ou mal boulangé.

Verbes de la première conjugaison (suite).

Règles particulières.

Troisième règle. Les verbes en *er* qui ont l'avant-dernière syllabe *terminée* par un *e* (muet) ou par un *é* (fermé), le changent en *è* (ouvert) devant une syllabe muette. Ex. : *mener, régler* font : *Je mène, je règle.*

EXCEPTIONS.

1° Dans la plupart des verbes en *eler* ou *eter*, au lieu de changer *e* en *è*, on double la consonne *l* ou *t* devant un *e* muet. Ex. : *appeler, jeter* font : *J'appelle, je jette.*

Ne pas comprendre dans cette exception les verbes *céler, déceler, recéler, geler, dégeler, congeler, peler, harceler, acheter, racheter*, qui font : *Je gèle, j'achète.*

2° Les verbes en *éer* et *éger* suivent la règle géné-rale, c'est-à-dire conservent partout leur *é* fermé.

DEVOIRS.

137. Copier l'exercice suivant et souligner tous les verbes en *er* dont l'avant-dernière syllabe est terminée par un *e* muet ou un *é* fermé.

138. Écrire tous ces verbes à l'infinitif présent.

139. Conjuguer ceux qui changent cet *e* muet en *è* ouvert au moyen de l'accent grave.

140. Conjuguer les verbes en *eler* et *eter* qui se trouvent dans le vingt-cinquième exercice, en commençant par ceux qui doublent *l* et *t* devant une syllabe muette.

VINGT-CINQUIÈME EXERCICE.

LE LABOUR ET LES BŒUFS.

Menez doucement vos bœufs sans les tourmenter, disait Mathurin. Cependant hâtez un peu leur pas; il faut que nous achevions de labourer ce champ aujourd'hui, pour que nous le semions demain. Ce soir, j'amènerai les chevaux qui achèveront de herser; la terre est belle, l'avoine lèvera bien.

Je n'achèverai jamais avec des bœufs qui se promènent d'un pas si lent, dit Michel impatienté.

— On les a menés trop lentement chez leur premier maître, reprit Mathurin. Mène-les un peu plus vite aujourd'hui; tu les mèneras encore un peu plus vite demain; et nous les amènerons ainsi peu à peu à un pas raisonnable.

— Réglons maintenant notre charrue, continua Mathurin. Règle-la toi-même suivant le labour que tu dois opérer. Bien; tu procèdes comme il convient pour un labour profond.

— J'espère, répondit Michel, que nous prendrons assez de bande avec la chaîne passée dans ce cran.

— Cède-moi la clef un moment, reprit le fermier. Serrons l'écrou de ce boulon; les pièces lâches se brisent par le frottement et le ballottement.

— Pour la vis de la coutelière, je supplée à la clef par le manche de ma curette, se hâta de dire l'apprenti. Ne vous inquiétez pas, maître; cela permet de serrer plus fort.

— Et même de serrer trop fort, s'il te plaît, étourdi. Ce long levier a trop de puissance; c'est ce qui m'inquiète quand je le vois entre tes mains. Mais j'abrége l'explication pour aujourd'hui. En attendant, contente-toi de la clef, et ne te crée pas un autre outil.

— Mais quelquefois on la jette de côté au lieu de la remettre sous ses agrafes; elle reste dans le champ, et, quand elle est perdue, on se sert de ce qu'on a sous la main.

— Au lieu de la jeter par terre, rappelle-toi plutôt qu'elle doit toujours suivre la charrue.

— Je me le rappelle bien au moment où je la cherche, je vous assure. Mais courage au labour. Allons. Je ne détellerai qu'à midi ; cela s'appellera une bonne matinée.

— Tu as attelé tes bœufs à sept heures. Impossible qu'ils ne se détellent qu'à midi, malheureux.

— Hier, je les attelai bien depuis une heure après midi jusqu'à six heures. Et encore Julien m'appela fainéant et maladroit, parce que nous n'avions labouré que le quart d'un hectare.

— Moi je t'appelle imprudent : tu attelles les bœufs trop longtemps, et tu rejettes sur leur paresse la lenteur qui vient plutôt de leur fatigue. Il était temps que je me guérisse, pour arrêter ton zèle. Rappelle-toi que si on force ses attelages, ils dépérissent et le travail ne s'en fait pas mieux.

— Achetez-moi des chevaux ; nous irons bien plus vite.

— C'est vrai. Mais quand j'achète une paire de bœufs pour 800 francs, je me dis que, s'ils deviennent boiteux, j'ai la ressource de les engraisser et de les vendre à 400 francs de perte, peut-être ; tandis que ceux qui achètent un cheval de 500 francs peuvent perdre la moitié de son prix si l'animal devient poussif, et 500 francs s'il se casse une jambe.

On détellait cependant ; puis on ramenait les bœufs à l'étable, et Michel disait en les suivant :

— Je les regretterais si on les vendait.

— Tu regrettais bien les autres qui étaient moins bons.

— Je les ai regrettés jusqu'à en pleurer, et Patrice me querellait de m'être attaché à des bêtes.

Là-dessus, Michel fit comme s'il fouettait ses bœufs ; mais le fouet claqua en l'air : il avait plutôt l'air de menacer ceux qui l'avaient querellé d'aimer ses compagnons de travail que de vouloir fouetter les pauvres bêtes.

Verbes de la deuxième conjugaison

Se conjuguant sur FINIR.

141. Faire sur les verbes de la deuxième conjugaison qui se trouvent dans le vingt-sixième exercice le travail indiqué pour ceux de la première conjugaison dans les nos 118 et suivants.

LE FUMIER ET LE CAFÉ.

Un instituteur disait un jour à ses élèves :

— L'année où j'ai fini mes études à l'École normale, on nous donna quelques notions d'agriculture, pour nous rendre capables de remplir complétement la mission qui nous est confiée dans les campagnes. Notre maître ne cherchait point à nous faire approfondir de hautes questions théoriques : il élargissait cependant nos idées en établissant les raisons de faits qui s'accomplissent tous les jours sous nos yeux sans que nous cherchions à les expliquer. Les choses les plus communes fournissaient matière à son enseignement ; il les ennoblissait par le point de vue élevé sous lequel il les considérait ; il les embellissait par la simplicité aimable avec laquelle il en parlait.

Ainsi, quand il disait pourquoi on cherche à ameublir le sol, pourquoi telles cultures *salissent* la terre et telles autres l'appauvrissent, il n'amoindrissait jamais les choses en les entourant de détails : il les agrandissait plutôt, en quelque sorte, par des considérations générales pleines d'intérêt ; souvent il entremêlait ses explications de comparaisons familières.

Ainsi, il nous disait un jour à propos du jus des fumiers qu'on laisse généralement couler sur les chemins ou dans les cours :

« Lorsque vous voulez prendre du café, ce n'est pas le marc sur lequel on a passé de l'eau que vous demandez, mais bien cette eau qui a entraîné avec elle tous les principes nourrissants et aromatiques.

« Eh bien, vous faites tout le contraire pour les fumiers : vous laissez sortir tout le jus, et vous donnez à vos cultures le fumier qui a perdu toute sa force et qui ressemble beaucoup à ce marc de café dont je vous parlais tout à l'heure.»

Je vous ai rapporté ceci, mes amis, parce que j'ai remarqué dans ma promenade ce matin l'eau noire de plus d'un fumier coulant avec l'égout des chemins. Le fumier amaigri n'enrichira plus la terre que dans une proportion très-faible relativement à ce qu'il eût pu faire.

Établissez donc vos fumiers avec soin dans un endroit où ils puissent fermenter et pourrir convenablement. Entourez-les d'une petite rigole où s'égouttera le purin. Vous le prendrez de temps en temps avec des seaux ou une pompe pour en arroser le tas même, lorsqu'il sera trop desséché, ou bien, si le fumier est assez mouillé, vous emploierez ce purin pour engraisser vos prairies qui verdiront à vue d'œil. Vous pourrez ainsi à la longue convertir en terres fertiles des terres arides ou épuisées et grossir beaucoup vos ressources en fourrages.

Non-seulement alors vous aurez plus d'herbe, mais cette herbe aura été produite sur une terre plus grasse; elle nourrira mieux les bestiaux et leur fournira plus de graisse. Aussi, le maître disait à ce sujet : « La graisse nourrit la graisse. »

Verbes de la troisième conjugaison

Se conjuguant sur RECEVOIR.

DEVOIRS.

142. Faire pour les verbes de la troisième conjugaison qui se trouvent dans le vingt-septième exercice le travail des n°ˢ 118 et suivants.

VINGT-SEPTIÈME EXERCICE.

LES CHEMINS.

— Je conçois que votre fermier hésite à faire seul ce chemin, disait M. Perrier à un autre propriétaire de son voisinage.

— Mais vous concevez aussi, répliqua le propriétaire, que je ne dois pas le faire, puisque c'est le fermier qui en jouira.

— Le fermier en jouira bien pendant le temps de son bail; mais l'augmentation de valeur que ce chemin donnerait à la ferme sera un avantage qui se prolongera bien au-delà du bail. Un chemin est un immeuble comme une maison ou une grange. Le propriétaire doit créer les immeubles qui restent sa propriété ; le fermier doit les entretenir, parce qu'il les détériore pendant qu'il en jouit.

— Vous concevez du moins que le fermier devrait m'aider à faire ce chemin, puisque je ne le lui dois pas par les conditions de son bail.

— Cela me paraît parfaitement juste, vu cette circonstance qu'il a loué la ferme telle qu'elle est et non telle qu'elle devrait être. Allons de ce pas éclaircir la question avec lui. Mais je l'aperçois qui franchit la haie pour nous aborder. Recevez-le avec moins de raideur qu'hier ; il concevra mieux nos raisons.

La réflexion avait mûri les idées du fermier qui venait recevoir les avis du propriétaire sur ce qu'il devait faire pour ses chemins.

Il fut réglé que le fermier ferait les charrois, que le propriétaire achèterait les pierres et paierait les ouvriers, à condition que M. Perrier aurait l'obligeance de surveiller et de diriger les travaux.

— On aurait dû commencer plus tôt, observa M. Perrier, avant que les chemins fussent trop mouillés par les pluies.

Cependant on eut soin de faire égoutter l'eau autant que possible, on combla les ornières, on dressa le terrain en le bombant toutefois vers le milieu et l'abaissant des deux côtés; on creusa des fossés, puis on attendit que la terre se foulât et se raffermît un peu avant d'y étendre les pierres, qu'on avait fait casser en morceaux presque égaux entre eux. On ne doit jamais mettre de grosses pierres sur les routes, et voici pourquoi : Lorsqu'une roue a monté sur une grosse pierre, elle en retombe ensuite avec une forte secousse, et on conçoit que cela doit faire un trou à côté de la pierre.

Le fermier dépensa son temps et celui de ses attelages, mais on avait choisi les journées où il ne se trouvait pas de travaux urgents. Le propriétaire dut payer six hommes pendant quinze jours ; il n'y avait pas de quoi le ruiner.

— Vous devrez entretenir ce chemin tous les ans, dit M. Perrier au fermier ; sans quoi il serait bientôt aussi mauvais que nous l'avons trouvé. Vous aurez donc soin de remplir les ornières autant de fois qu'elles se creuseront, sans attendre qu'elles deviennent des précipices ; puis, au commencement de l'hiver et au printemps, vous ajouterez un peu de menues pierres dans tous les endroits qui s'affaisseront. Si vous faites ramasser régulièrement les pierres qui se trouvent dans vos cultures, sur vos trèfles et vos prés, vous en aurez suffisamment. Vos terres gagneront à en être débarrassées, et les faulx, comme les machines à faucher, à moissonner et à râteler, s'en trouveront mieux aussi. C'est le cas de dire que *vous ferez d'une pierre deux coups.*

Verbes de la quatrième conjugaison

Se conjuguant sur RENDRE.

143. Pour les verbes de la quatrième conjugaison qui se trouvent dans le vingt-huitième exercice; travail des n°ˢ 118 et suivants.

VINGT-HUITIÈME EXERCICE.

LES PORCS.

Mathurin était allé vendre des porcs à la foire, il calculait tout en revenant ce qu'il avait gagné ou perdu à attendre quinze jours, lorsqu'il entendit qu'on le nommait et vit la veuve Marion traînant un grand porc efflanqué qu'elle n'avait pas vendu et sur lequel elle frappait à grands coups, comme s'il eût été cause de ce qu'elle perdait en le gardant.

— Eh! monsieur Mathurin, vous avez bien vendu, j'en réponds, c'est un beau marché, quoiqu'on ait rabattu sur votre premier prix.

— Mais oui, voisine, mon porc avait un an, je l'ai vendu 120 fr., je compte que c'est à peu près 1 fr. 20 le kilog.; 60 centimes la livre.

— Il avait coûté bien de la farine, si je m'y entends.

— Mordez-vous la langue, mère Marion, vous ne vous y entendez pas tout à fait, il n'avait jamais mangé de farine.

— Entendons-nous, il avait mangé du grain écrasé et broyé, je parie; c'est toujours la même chose.

— Ni farine, ni bouillie, ni grain, entendez bien cela, je vous prie.

— J'entends bien, mais je ne perds pourtant pas mon pari, vous lui donniez du gruau, du lait?

— Vous avez bien perdu votre pari, mon cochon n'a jamais mangé que des pommes de terre, des betteraves, des choux. Le tout bouilli, il est vrai, et saupoudré d'un peu de son. Mais je vous avais expliqué déjà une fois qu'il était d'une race excellente pour l'engraissement, et je le prétends encore. Il y a porc et porc, entendez donc bien cela, je n'en rabattrai rien, tout dépend de la race. N'y a-t-il pas des hommes qui engraissent avec la même nourriture qui n'engraissera jamais leur voisin ? n'y a-t-il pas des familles dont tous les individus restent toujours maigres et d'autres dont tous les individus sont chargés d'embonpoint ? il en est de même pour les animaux, quelques-uns semblent perdre leur nourriture. Votre grand porc, long, étroit, monté sur de grandes jambes, avec son cou allongé qui finit par une grande tête, est l'image vivante de la maigreur ; il est taillé comme un cheval de course et non comme une bête d'engraissement. Au contraire, les miens sont courts, larges, ramassés, trapus ; ils n'ont pas de cou, pour ainsi dire ; la tête, toute courte aussi, semble sortir des épaules. Je ne parle pas de ses petites oreilles dressées, ne confondons pas, elles sont plutôt un des caractères qu'un des avantages de la race ; mais les os extrêmement minces et petits sont à considérer, parce que la chair profite de ce qui ne va pas à former les parties osseuses. Lorsque je vends, j'ai soin de faire remarquer à l'acheteur qu'il aura proportionnellement plus de viande nette dans cette race anglaise, Newleicester, Yorkshire, Middlesex, etc.

— J'aimerais mieux les Craonnais, vos pourceaux sont trop petits, prétendit la bonne femme.

— Les Craonnais sont de beaucoup supérieurs au vôtre, répondit Mathurin, mais cela n'empêche pas les bonnes races anglaises d'être excellentes. Qu'importent la taille et le poids, la question est de savoir quelles races donnent à meilleur marché un kilog. de viande, 100 kilog., si vous entendez cela plus facilement. J'aime mieux un ouvrage en deux volumes qu'en un seul, si les deux volumes coûtent moins cher ensemble que réunis en un seul.

— J'entends, voisin, que vous avez vendu votre cochon très-cher et que j'engraisserai le mien d'ici la foire prochaine.

— Abattez-le plutôt, pour engraisser votre soupe, bonne vieille. Je réponds que si vous le nourrissiez d'ici la foire avec de la farine, vous perdriez plus gros d'argent qu'il ne gagnerait de graisse.

TABLEAU GÉNÉRAL DE LA FORMATION DES TEMPS.

L'INFINITIF DONNE TROIS TEMPS :

LE FUTUR.

Le futur se forme de l'infinitif par le changement de r ou re en rai.

rai.
ras.
ra.
rons.
rez.
ront.

Exc. Quelques verbes subissent en outre une transformation dans leur radical.

La première personne du futur donne le présent du conditionnel, en changeant :

rai en rais.
rais.
rait.
rions.
riez.
raient.

Sans exception.

LE PARTICIPE PASSÉ.

Le participe passé se forme de l'infinitif en changeant

er en é,

Pas d'exception.

ir en i.

Plusieurs exceptions.

oir ou re en u.

Plusieurs exceptions.

Le participe passé donne deux temps :

1° Le *passé défini*, qui se forme :

Dans les verbes en er, en changeant :

é en ai.
as.
a.
âmes.
âtes.
èrent.

Dans les verbes en ir, oir ou re, en ajoutant, pour la première personne, un s, s'il n'y en a pas à la fin du participe. On a ainsi les deux formes suivantes :

1re FORME.	2e FORME.
is.	us.
is.	us.
it.	ut.
îmes.	ûmes.
îtes.	ûtes.
irent.	urent.

Nombreuses exceptions.

LE PRÉSENT DE L'INDICATIF.

Le présent de l'indicatif se forme du présent de l'infinitif suivant deux modèles :

1re FORME. En changeant	2e FORME. En changeant
er en e.	r ou re en s.
— es.	— t (1).
— e.	— ons.
— ons,	— ez.
— ez.	— ent.
— ent.	

Une seule exception. Plusieurs exceptions.

Le présent de l'indicatif donne quatre temps :

1° L'*impératif*, dont les trois personnes ne sont autres que les personnes correspondantes du présent de l'indicatif, moins le pronom. De plus, pour la deuxième personne sing. des verbes dont l'indicatif présent est de la première forme, on supprime l's final.

2° Le *participe présent*, qui se forme de la première personne plur., en changeant ons en ant.

Une exception.

... personne se forme en ajoutant *se* à la deuxième personne du singulier du passé défini.

Ce qui donne une des trois formes suivantes :

asse.	isse.	usse.
asses.	isses.	usses.
ât.	ît.	ût.
assions.	issions.	ussions.
assiez.	issiez.	ussiez.
assent.	issent.	ussent.

Deux exceptions.

... l'imparfait se... sing... s'énonce..., qui se forme en la première personne plur.. du présent de l'indicatif, en changeant

ons en	ais.
—	ait.
—	ions.
—	iez.
—	aient.

Pas d'exception.

4° Le *présent du subjonctif*, qui forme ses deux premières personnes plur. de la première personne plur. du présent de l'indicatif, en changeant

ons en ions, iez.

Les quatre autres personnes se forment de la troisième personne plur. du présent de l'indicatif, en changeant

ent en e, es, e, ent.

Sept exceptions.

On a ainsi, pour tout le présent du subjonctif :

e.
es.
e.
ions.
iez.
ent.

(1) Le *t* se supprime après un *d* ou un *t*. Ex.: il **rend met**.

TABLEAU DES VERBES IRRÉGULIERS

OU

EXCEPTIONS AUX RÈGLES DU TABLEAU PRÉCÉDENT (1).

Les verbes *avoir* et *être*, qui sont très-irréguliers, n'ont pas été compris dans ce tableau. (*Voir leurs conjugaisons.*)

1° Verbes en **er** (1re conjug.)

V. aussi les règles particulières sur les verbes de la 1re conjugaison, p. 70 et 74.

INFINITIF.	PARTICIPE PASSÉ.	PRÉSENT DE L'INDICATIF.	AUTRES TEMPS.
Aller.	. . . . .	*sing.* je vais, tu vas, il va. *plur.* ils vont.	*fut.* j'irai, etc. *impér.* va. *subj. pr. sing.* que j'aille, etc. *plur.* qu'ils aillent.
Envoyer. Renvoyer.	. . . . .	. . . .	*fut.* j'enverrai, etc.

2° Verbes en **ir** (2e conjug.)

Finir. (on conjugue de même tous les verbes en *ir* qui ont la 1re pers. sing. du pr. de l'ind. en *is.*	. . . . .	*plur.* nous finissons, etc.	
Acquérir. (et les autres verbes en *quérir.*)	acquis.	*sing.* j'acquiers, etc. *plur.* nous acquérons, vous acquérez, ils acquièrent.	*fut.* j'acquerrai, etc.
Assaillir. Tressaillir et Faillir Défaillir déf. (2)	. . . . .	j'assaille, etc.	
Bouillir. (défectif.)	. . . . .	*sing.* je bous, etc. *plur.* nous bouillons, etc.	
Cueillir. et ses composés.	. . . . .	je cueille, etc.	*fut.* je cueillerai, etc.
Fuir. et s'Enfuir.	. . . . .	*plur.* nous fuyons, vous fuyez.	
Gésir. (défectif.)	. . . . .	il gît, nous gisons, ils gisent.	
Courir. et ses composés.	couru.	je cours, etc.	*fut.* je courrai, etc.
Dormir.	. . . . .	*sing.* je dors, etc. *plur.* nous dormons, etc.	
Mentir Partir. et Sentir. Sortir. avec leurs composés.	. . . . .	*sing.* je mens, etc. *plur.* nous mentons, etc.	

(1) On a rapproché autant que possible, sur ce tableau, les verbes dont les conjugaisons ont quelque ressemblance.

(2) On appelle verbes défectifs ceux dont quelque temps ou quelque personne ne sont pas en usage.

INFINITIF.	PARTICIPE PASSÉ.	PRÉSENT DE L'INDICATIF.	AUTRES TEMPS.
Servir et Desservir.		*sing.* je sers, etc. *plur.* nous servons, etc.	
Mourir.	mort.	*sing.* je meurs, etc. *plur.* nous mourons, vous mourez, ils meurent.	*fut.* je mourrai, etc. *passé déf.* je mourus, etc.
Offrir (Ouvrir. et ⟨Courir. (Souffrir. avec leurs composés.	offert.	j'offre, etc.	
Tenir et Venir avec leurs composés.	tenu.	*sing.* je tiens, etc. *plur.* nous tenons, vous tenez, ils tiennent.	*fut.* je tiendrai, etc. *passé. def.* je tins, tu tins, il tint, nous tinmes, vous tintes, ils tinrent.
Vêtir et ses composés.	vêtu.	je vêts, etc.	*passé déf.* je vêtis, etc.

3° Verbes en **oir** (3ᵉ conjug.)

INFINITIF.	PARTICIPE PASSÉ.	PRÉSENT DE L'INDICATIF.	AUTRES TEMPS.
Recevoir. et les verbes en *evoir.*	reçu.	*sing.* je reçois, etc. *plur.* nous recevons, vous recevez, ils reçoivent.	*fut.* je recevrai, etc.
Asseoir. et ⟨Seoir (déf.) (Surseoir.	assis.	*sing.* j'assieds, etc. *plur.* nous asseyons, vous asseyez, ils asseyent.	*fut.* j'assiérai, etc.
Déchoir (déf.) et ⟨Choir (déf.) (Échoir (déf.)	. . . .	*plur.* nous déchoyons, vous déchoyez.	*fut.* je décherrai, etc.
Mouvoir. et ses composés.	mu.	*sing.* je meus, etc. *plur.* nous mouvons, vous mouvez, ils meuvent.	*fut.* je mouvrai, etc.
Pleuvoir (déf.)	plu.	*sing.* il pleut.	*fut.* il pleuvra, etc.
Pouvoir.	pu.	*sing.* je peux, tu peux, il peut. *plur.* nous pouvons, vous pouvez, ils peuvent.	*fut.* je pourrai, etc. *subj. pr.* que je puisse, etc.
Voir, et ⟨Revoir. (Entrevoir.	. . . .	*plur.* nous voyons, vous voyez.	*fut.* je verrai, etc. *passé déf.* je vis, etc.
Prévoir.	. . . .	*plur.* nous prévoyons, vous prévoyez.	*passé déf.* je prévis, etc.
Pourvoir	. . . .	*plur.* nous pourvoyons, vous pourvoyez.	
Savoir.	. . . .	*sing.* je sais, etc. *plur.* nous savons, etc.	*fut.* je saurai, etc. *imper.* sache, etc. *subj. pr.* que je sache, etc. *part. pr.* sachant.
Falloir.	. . . .	*sing.* il faut, etc.	*fut.* il faudra, *subj. pr.* qu'il faille.
Valoir.	. . . .	*sing.* je vaux, tu vaux, il vaut. *plur.* nous valons, etc.	*fut.* je vaudrai, etc. *subj. pr.* ⟨*sing.* que je vaille, etc. *plur.* qu'ils vaillent.
Prévaloir.	. . . .	*sing.* je prévaux, tu prévaux, il prévaut. *plur.* nous prévalons, etc.	*fut.* je prévaudrai, etc.
Vouloir.	. . . .	*sing.* je veux, tu veux, il veut. *plur.* nous voulons, vous voulez, ils veulent.	*fut.* je voudrai, etc. *impér.* veuille, veuillez. *subj. pr.* ⟨*sing.* que je veuille, etc. *plur.* qu'ils veuillent.

4° Verbes en re (4° conjug.)

INFINITIF.	PARTICIPE PASSÉ.	PRÉSENT DE L'INDICATIF.	AUTRES TEMPS.
Rendre. On conjugue de même tous les verbes en re excepté les suivants :	. . . . .	. . . .	passé déf. je rendis, etc.
Prendre. et ses composés.	pris.	plur. nous prenons, vous prenez, ils prennent.	
Peindre. et tous les verbes en {aindre. {eindre. {oindre.	peint.	sing. je peins, etc. plur. nous peignons, etc.	
Absoudre et dissoudre.	absous.	sing. j'absous, etc. plur. nous absolvons, etc.	
Résoudre.	résolu.	sing. je résous, etc. plur. nous résolvons, etc.	
Coudre et ses composés.	cousu.	plur. nous cousons, etc.	passé déf. je cousis, etc.
Moudre et ses composés.	moulu.	plur. nous moulons, etc.	
Connaître et {Paraître. {Paître (déf.) et leurs composés.	connu.	sing. je connais, etc. plur. nous connaissons, etc.	
Naître et ses composés.	né.	sing. je nais, etc. plur. nous naissons, etc.	passé déf. je naquis, etc.
Battre et ses composés.	. . . . .	sing. je bats, etc.	passé déf. je battis, etc.
Mettre et ses composés.	mis.	sing. je mets, etc.	
Croître et ses composés.	crû.	sing. je crois, etc. plur. nous croissons, etc.	
Croire.	cru.	plur. nous croyons, vous croyez.	
Boire.	bu.	plur. nous buvons, vous buvez, ils boivent.	
Conduire et les autres verbes en duire.	conduit.	plur. nous conduisons, etc.	passé déf. je conduisis, etc.
Nuire et Luire (déf.)	nui.	plur. nous nuisons, etc.	passé déf. je nuisis, etc.
Suffire.	suffi.	plur. nous suffisons, etc.	
Circoncire (déf.)	circoncis.	plur. nous circoncisons, etc.	
Confire.	confit.	plur. nous confisons, etc.	passé déf. je confis, etc.
Dire et ses composés.	dit.	plur. nous disons, vous dites, ils disent (1).	passé déf. je dis, etc.
Écrire et les verbes en crire.	écrit.	plur. nous écrivons, etc.	passé déf. j'écrivis.
Frire (déf.)	frit	. . . .	
Lire et ses composés.	lu.	plur. nous lisons, etc.	
Rire et ses composés.	ri.	. . . .	
Faire et ses composés.	fait.	plur. nous faisons, vous faites, ils font.	fut. je ferai, etc. passé déf. je fis, etc. subj. pr. que je fasse, etc.

(1) Les composés font dites au lieu de dites à la 2° pers. plur., excepté :
1° Redire qui se conjugue comme dire ;
2° Maudire qui fait au pluriel nous maudissons.

Plaire et ses composés et taire.	plu.	*plur.* nous plaisons, etc.	
Traire (déf.) et ses composés. (défect.)	trait.	*plur.* nous trayons, vous trayez.	
Suivre et ses composés.	suivi.	*sing.* je suis, etc. *plur.* nous suivons, etc.	
Vivre et ses composés.	vécu.	*sing.* je vis, etc. *plur.* nous vivons, etc.	
Vaincre et ses composés.	. . . . .	*sing.* je vaincs, tu vaincs, il vainc. *plur.* nous vainquons, etc.	*passé déf.* je vainquis, etc.
Clore (déf.) et {éclore (déf.) enclore (déf.)	clos	*plur.* ils closent.	
Conclure et exclure.	conclu.	. . . .	

DEVOIRS.

144. Conjuguer quelques-uns des verbes qui se trouvent dans le vingt-neuvième exercice, en n'écrivant que les temps simples, et les disposant dans l'ordre suivant : l'infinitif présent en tête ; les autres temps en trois colonnes :

| FUTUR. | PARTICIPE PASSÉ. | INDICATIF PRÉSENT. |

Écrire sous chacun de ces temps ceux qui en sont formés, d'après le tableau général de la formation des temps, page 82.

145. Copier le vingt-neuvième exercice et souligner tous les verbes qui ne se conjuguent pas conformément à l'un des quatre modèles : *planter, finir, recevoir, rendre.*

146. Analyser tous les verbes du même exercice.

147. Conjuguer chacun de ces verbes au temps auquel il se trouve dans l'exercice.

148. Conjuguer les verbes *irréguliers* en soulignant les personnes *irrégulières.*

VINGT-NEUVIÈME EXERCICE.

LES ABEILLES.

Nous avions couvert nos ruches pour l'hiver, sans quoi les abeilles auraient souffert du froid ; elles ne sortent pas tant que la saison est rude, mais elles sont pourvues d'une bonne provision de miel, recueillie pendant les beaux jours.

Les abeilles ne dorment pas tout le temps qu'elles demeurent enfermées ; elles mettent ordre à leurs affaires de ménage, elles prennent soin du logis ; cependant le très-grand froid les engourdit.

Si on pouvait prévoir le degré de sévérité qu'aura l'hiver, on prendrait ses mesures pour enlever aux ruches plus ou moins de miel. Lorsque la saison n'a pas été rigoureuse, il est à craindre que les ressources ne manquent de bonne heure, parce que les abeilles ayant moins dormi ont consommé davantage.

Suis les besoins de la république, sers aux travailleuses un peu du miel que tu leur avais ravi ; ou bien encore tu as dû leur préparer un sirop qu'il est temps de leur offrir ; ne crains pas de leur nuire. Jamais elles n'en font usage avec excès, elles joignent l'économie à la prévoyance.

Je connais une sorte de confiture dont on doit toujours être pourvu pour les ruches. Elle se prépare avec des carottes, du vin et un peu de mélasse. Il faut que cela cuise et bouille assez de temps pour être réduit en pâte. Mais prenons garde ; si la mélasse bout trop fort, elle roussit, et la confiture n'est plus assez délicate pour être offerte à celles qui ont vécu du nectar des fleurs.

Tu ris de mes soins et tu dis peut-être : Comment vit l'essaim qui habite le tronc d'arbre ou le creux du rocher ? on ne confit pas pour lui ; nous ne prenons pas soin de son abri.

C'est vrai, mais tu sais que ces abeilles sauvages ont pris leurs précautions dans le choix de leur demeure, et elles se suffisent pour leur approvisionnement parce que l'homme ne leur a rien dérobé, tandis que nous avons vécu du miel que nos abeilles préparaient pour leur hiver.

Au mois de juillet, lorsqu'elles avaient cru leur tâche accomplie, lorsqu'elles avaient rempli d'un miel abondant les alvéoles de leur gâteau de cire, nous nous sommes couvert le visage comme des malfaiteurs qui craignent d'être reconnus, nous nous sommes revêtus de tissus serrés que l'aiguillon empoisonné ne pouvait pénétrer, puis nous avons entrepris l'attaque et les travailleuses ont été vaincues. Nous les avons fait fuir dans une autre demeure ; nous leur avons enlevé le gâteau qui aurait été suffisant pour l'arrière-saison. Nous avons cru être généreux en leur conservant l'existence.

Elles ont été en émoi, elles ont battu le rappel, sonné la trompette d'alarme ; elles ont tenu conseil, les travailleuses ont bourdonné de bruyants discours et le courage est revenu, chacune a repris son œuvre.

Celle-ci nettoie la nouvelle boîte, en polit les parois les frottant avec ses pattes ; celle-là sort empressée, puis rapporte la cire qu'elle pétrit et arrondit en une cellule qu'entoureront bientôt de nombreuses cellules dont s'accroîtra chaque jour le nouveau gâteau. Une autre reparaît chargée de ce suc qu'elle emprunte aux fleurs pour le transformer en un miel doré. Chaque ouvrière connaît son poste et se plaît à accomplir sa tâche. Elles ne voient que l'intérêt commun.

Si les beaux jours se prolongent, avant qu'ils aient disparu l'abondance sera revenue, l'inquiétude aura fui, les abeilles pourront se suffire pendant la saison où elles ne recueillent ni le miel, ni la cire.

Mais l'automne est-il humide ou froid, tout est compromis si nous ne prenons soin de pourvoir aux besoins de la république.

Du reste, la plupart des ruches n'offrent pas cette disposition qui permet de faire sortir les abeilles d'un compartiment dans un autre sans leur nuire autrement que par le larcin de leurs provisions. Dans les ruches simples, il faut faire périr les abeilles lorsqu'on veut s'emparer de leur miel.

On les asphyxie au moyen de la fumée. Je hais ce système qui joint la cruauté à la mauvaise entente des intérêts.

Mais tandis que nous discourons, la ruche s'éveille. Entends-tu ce bruissement qui s'accroît à mesure que les abeilles ressentent la chaleur du soleil ? En voilà une qui sort tout engourdie de froid et de sommeil. Sans doute elle est envoyée par ses sœurs pour s'enquérir du printemps. Elle rentre, elle reparaît ; une deuxième la suit, puis une autre. Elles se taisent. Peut-être écoutent-elles des recommandations prudentes, peut-être ont-elles peine à étendre leurs ailes repliées si longtemps. Elles vont et viennent, visitant les abords de la ruche ; elles mettent un grand soin à s'assurer que nul dégât n'a été commis à l'entour. D'autres abeilles ont suivi leur exemple. Quelques-unes partent pour explorer plus loin, elles vont cherchant une fleur hâtive. Cependant le vent les fatigue, une légère brume alourdit leurs ailes. Déjà elles maudissent leur imprudence et fuient vers la ruche. Le soleil avait menti, ce n'est pas encore le printemps.

Quelques-unes meurent dans un tourbillon, d'autres atteignent le seuil du logis. On les accueille, on les secourt; elles se repaissent d'une goutte de miel, puis elles dormiront attendant les beaux jours.

Demain, si la chaleur renaît plus douce, elles tressailleront encore d'espérance et de vie. Bientôt nous les verrons courant de fleur en fleur pour en recueillir le suc, ou buvant la rosée que la nuit a fait descendre sur les feuilles. Aux mois brûlants de l'été, nous nous assiérons sous les coudriers qui croissent près de nos ruches. Tantôt nous lirons ce qui a été écrit par M. de Beauvoir sur les mœurs des abeilles, tantôt nous les suivrons des yeux pendant leurs évolutions ou leur travail.

Elles feront connaissance avec nous, nous acquerrons leur confiance. J'ai vu un amateur qui avait su, en quelque sorte, apprivoiser ses abeilles. Elles semblaient le connaître, elles l'accueillaient pour ainsi dire lorsqu'il venait s'asseoir près de leur ruche. Il allait souvent les visiter, il s'endormait quelquefois en lisant dans leur voisinage. Une fois un essaim *affolé* vint se suspendre à une de ses joues et ne lui fit aucun mal.

Cependant, sachons être prudents; toutes les abeilles ne sont pas aussi douces; leur piqûre peut être dangereuse parce qu'une sorte de liqueur brûlante contenue dans un petit sac à la base de l'aiguillon, s'écoule dans la plaie et la fait envenimer. De nombreuses piqûres d'abeilles à la tête peuvent devenir mortelles. Une goutte d'alcali volatil ou ammoniaque liquide, mise le plus tôt possible sur la blessure, suffit pour la cautériser et prévenir tout accident.

CONJUGAISON

des Verbes employés interrogativement.

INDICATIF PRÉSENT.

Aimé-je ?
Aimes-tu ?
Aime-t-il ?
Aimons-nous ?
Aimez-vous ?
Aiment-ils ?

IMPARFAIT.

Aimais-je ?
Aimais-tu ?
Aimait-il ?
Aimions-nous ?
Aimiez-vous ?
Aimaient-ils ?

PASSÉ DÉFINI.

Aimai-je ?
Aimas-tu ?
Aima-t-il ?
Aimâmes-nous ?
Aimâtes-vous ?
Aimèrent-ils ?

PASSÉ INDÉFINI.

Ai-je aimé ?
As-tu aimé ?
A-t-il aimé ?
Avons-nous aimé ?
Avez-vous aimé ?
Ont-ils aimé ?

PLUS-QUE-PARFAIT.

Avais-je aimé ?
Avais-tu aimé ?
Avait-il aimé ?
Avions-nous aimé ?
Aviez-vous aimé ?
Avaient-ils aimé ?

FUTUR.

Aimerai-je ?
Aimeras-tu ?
Aimera-t-il ?
Aimerons-nous ?
Aimerez-vous ?
Aimeront-ils ?

FUTUR ANTÉRIEUR.

Aurai-je aimé ?
Auras-tu aimé ?
Aura-t-il aimé ?
Aurons-nous aimé ?
Aurez-vous aimé ?
Auront-ils aimé ?

CONDITIONNEL PRÉSENT.

Aimerais-je ?
Aimerais-tu ?
Aimerait-il ?
Aimerions-nous ?
Aimeriez-vous ?
Aimeraient-ils ?

PASSÉ.

Aurais-je aimé ?
Aurais-tu aimé ?
Aurait-il aimé ?
Aurions-nous aimé ?
Auriez-vous aimé ?
Auraient-ils aimé ?

2ᵉ CONDITIONNEL PASSÉ.

Eussé-je aimé ?
Eusses-tu aimé ?
Eût-il aimé ?
Eussions-nous aimé ?
Eussiez-vous aimé ?
Eussent-ils aimé ?

REMARQUES. 1° L'impératif, le subjonctif et l'infinitif ne s'emploient pas interrogativement.

2° Dans les temps simples le pronom sujet est placé après le verbe; *aimez-vous?* Dans les temps composés, il est placé entre l'auxiliaire et le participe ; *avez-vous aimé ?*

3° Dans tous les temps on met un trait d'union entre le verbe et le pronom sujet.

4° Lorsque le verbe finit par un *e* muet à la 1re pers., on change cet *e* en *é* : *aimé-je ?*

5° Quand le verbe finit par une voyelle et qu'il est suivi de l'un des pronoms sujets *il, elle, on*, on met entre le verbe et le pronom la lettre *euphonique* (1) *t : aime-t-il ?*

6° Si le verbe n'a qu'une syllabe à la 1re pers. du présent de l'indicatif on emploie *est-ce que* pour interroger : *Est-ce que je dors ?* cependant on dit : *ai-je, dis-je, dois-je, fais-je, puis-je, sois-je, suis-je, vais-je, vois-je ?*

DEVOIRS.

149. Conjuguer interrogativement les quatre verbes modèles du tableau *des conjugaisons.*

SUJET.

On appelle *sujet du verbe* la personne ou la chose qui fait l'action, ou qui est dans l'état que ce verbe exprime. *Ex. : Je laboure, l'enfant dort. Je* est le sujet de *laboure, l'enfant* est le sujet de *dort.*

REMARQUE. Pour trouver le sujet d'un verbe, on met *qui* devant ce verbe, de manière à interroger. *Ex. :* Qui laboure? qui dort?

Les mots par lesquels on répond à la question forment le sujet. *Ex. :* Qui laboure? Réponse : *je.* Qui dort? Réponse : *l'enfant.*

L'infinitif et le participe présent n'ont pas de sujet. Le sujet de l'impératif n'est pas exprimé.

Accord du verbe avec son sujet.

Première règle. Le verbe se met au même nombre et à la même personne que son sujet. *Ex. : Pierre laboure, nous labourons.*

_____

(1) C'est-à-dire mise seulement pour le son.

Deuxième règle. Un verbe qui a plusieurs sujets au singulier se met au pluriel. *Ex.: Pierre et Jean labourent.*

Troisième règle. Un verbe qui a des sujets de différentes personnes s'accorde pour la personne avec la personne qui tient le premier rang.

Ex. : *Toi, elle* et *moi   lisons;*
    Toi et *elle   lisez.*

REMARQUE. Par politesse, la personne qui parle se nomme la dernière.

Quatrième règle. Un verbe qui a pour sujet un collectif (1), se met au singulier ou au pluriel suivant que l'idée de singularité ou celle de pluralité domine dans la phrase.

Ex. : *Une multitude d'oiseaux chantaient;*
    La foule des curieux encombrait la salle.

Cinquième règle. Avec les adverbes *peu, bien, beaucoup,* le verbe se met le plus souvent au pluriel.

Première règle
POUR L'ACCORD DU VERBE AVEC SON SUJET.

DEVOIRS.

149 Copier le trentième exercice et souligner tous les sujets.

150 Écrire en une colonne tous les verbes du même exercice avec leurs sujets.

151 Mettre en regard les mêmes verbes et les mêmes sujets, en tournant au pluriel dans la seconde colonne ceux qui sont au singulier dans la première; et au singulier ¦dans la seconde colonne ceux qui sont au pluriel dans la première.

MODÈLE.

Que le petit poulet soit éclos.   Que les petits poulets soient éclos.

---

(1) On appelle *collectif* un nom qui, au singulier, présente l'idée d'une réunion, d'une collection. *Ex.:* Une *multitude* d'hommes; la *foule* des curieux.

TRENTIÈME EXERCICE.

SEMIS EN PÉPINIÈRES. BETTERAVES, CHOUX, RUTABAGAS.

Pendant que le petit poulet est dans l'œuf, il vit de la substance que Dieu y a préparée pour sa nourriture.

Les plantes vivent aussi d'une sorte de lait qui se forme dans les graines après la germination.

Les organes et le bec du petit poussin se développent pour le temps où il aura épuisé la nourriture qui est dans l'œuf.

La jeune plante pousse peu à peu de petites racines pour le temps où elle aura épuisé le lait qui était contenu dans la semence.

Le petit poussin a le bec bien tendre, il ne pourra manger qu'une nourriture choisie. Les racines de la plante sont délicates, elles ne pourront absorber que des aliments bien préparés.

Le petit poulet va et vient, il court à droite et à gauche pour chercher la nourriture qui lui convient.

La plante est fixée dans le sol, elle ne peut chercher au loin sa nourriture.

Cependant nous ne pouvons lui apporter ses repas de chaque jour comme font les oiseaux pour leurs petits dans le nid.

Nous devons donc avoir soin de ne placer nos graines que dans des terrains bien préparés où les plantes trouveront une nourriture facile et abondante.

Nous ameublirons le sol pour que les racines y pénètrent sans effort; nous l'enrichirons d'engrais très-consommés, c'est-à-dire prêts à être absorbés et digérés facilement par les jeunes plantes.

Ces préparations sont difficiles sur une grande étendue de terrain; aussi on trouve quelquefois avantageux de faire certains semis en pépinière et sur couche, pour ne transplanter le plant que lorsqu'il est assez fort pour vivre en une terre moins riche et moins meuble.

La pépinière recevra des soins qu'on ne peut donner à tout un champ.

Ainsi les arrosements et les sarclages sont faciles sur une couche ou un carré de jardin, et difficiles sur un hectare. En pépinière, le plant grandira et se fortifiera promptement ; il poussera plus vite que les insectes n'auront le temps de le dévorer.

Certaines plantes cependant veulent être semées sur place. Nous prendrons pour chacune la méthode qu'elle préfère.

Aux choux et rutabagas, le semis en pépinière ; aux betteraves, le semis en pépinière ou sur place, suivant que le sol aura pu ou non être préparé. Aux carottes, jamais la pépinière.

Deuxième règle

SUR L'ACCORD DU VERBE AVEC SON SUJET.

DEVOIRS.

152. Copier le trente-et-unième exercice, t souligner tous les verbes qui ont plusieurs sujets.

153. Analyser tous ces verbes.

154. Écrire en une colonne tous les verbes avec leurs sujets.

155. Écrire en regard les mêmes phrases en supprimant un des sujets aux verbes qui en ont plusieurs et en donnant plusieurs sujets aux verbes qui n'en ont qu'un dans l'exercice.

TRENTE-ET-UNIÈME EXERCICE.

SEMIS SUR PLACE.

La betterave, la carotte, le rutabaga sont l'espoir des troupeaux pour l'hiver et la préparation des terres pour les autres récoltes.

Le cultivateur qui néglige ces racines fourragères sera toujours pauvre, son étable et sa bergerie ne peuvent vivre que misérablement, ses terres se salissent de mauvaises herbes ; son froment, son orge et son avoine ne rapportent que de chétives récoltes.

Mettons le fumier à notre sole de racines, il ne leur nuit jamais, elles n'en prennent que ce qui leur convient ; ce qu'elles laissent en est meilleur pour le grain de printemps et le trèfle qui succèdent à cette culture.

Nous avons dû labourer avant l'hiver pour que la terre fût amendée et émiettée par la gelée. Nous donnerons un nouveau labour au printemps, puis un hersage.

J'ai vu faire ce labour d'une façon toute spéciale, par laquelle le fumier était enfermé entre deux bandes de terre qui le recouvraient comme pour en faire une couche.

L'homme et l'attelage savaient leur métier pour labourer bien droit. D'abord on mettait tout le champ en petits billons de deux bandes se rejoignant par le sommet.

Dans l'espace que laissaient entre eux les petits billons, on plaçait une bonne couche de fumier.

On recommençait à labourer tout le champ, en fendant les billons par la moitié et rejetant les deux bandes de chaque côté sur le fumier, ce qui formait de nouveaux billons dans lesquels le fumier était enfermé.

Une femme et un enfant semaient les betteraves sur ces sortes de petits ados, après les avoir préparés au râteau.

L'un formait avec une légère houe de petites *potènes* espacées de 50 centimètres et y déposait deux ou trois graines; l'autre les recouvrait avec de menu terreau qui devait empêcher la terre de se battre sous la pluie.

Plus tard, lorsque les betteraves étaient un peu fortes, on les éclaircissait pour ne laisser que deux plants dans la même potène.

Une seconde fois, on dédrageonnait en ne laissant qu'un seul plant; celui qu'on arrachait était replanté dans les potènes où rien n'avait levé.

Lorsque les attelages ou le temps avaient manqué pour préparer les billons assez tôt, au lieu de semer sur place, on transplantait le plant venu de semis. Mais le système des ados était toujours employé.

J'ai pesé souvent des racines venues sur ces billons : beaucoup pesaient 6 à 8 kilog.

Troisième et quatrième règle

SUR L'ACCORD DU VERBE AVEC SON SUJET.

156. Copier le trente-deuxième exercice et souligner les verbes

qui ont plusieurs sujets de différentes personnes et ceux qui ont pour sujet un nom collectif.

157. Écrire tous les verbes avec leurs sujets.

TRENTE-DEUXIÈME EXERCICE.

LE LIN.

Ma sœur et moi aimions à semer le lin, comme toi et ton frère aimiez à le broyer l'hiver.

Elle et moi étions réjouies de ces premières journées de printemps où le soleil verse une chaleur si vivifiante.

Je la vois encore lorsqu'elle suivait en chantant la charrue que conduisait ton frère; elle et lui étaient joyeux : lui sifflait l'air qui encourage les bœufs ; elle, marchant avec mesure, répandait à chaque pas la graine dorée qui retombait sur le sillon. Une foule d'oiseaux chantaient dans les arbres, un grand nombre de plantes commençaient à se montrer. La multitude des insectes qui égale peut-être celle des brins d'herbe, animait de bruits confus les lits de feuilles sèches et les touffes de gazon.

A cette époque, la terre est pleine de vie et d'espoir, tout tressaille et renaît.

Aussi la foule des promeneurs se répand dans les champs. Beaucoup ne se rendent pas compte du sentiment qui les y entraîne; la plupart croient que c'est le plaisir de se chauffer au soleil. La plus grande partie des enfants ne pensent qu'à cueillir les premières fleurs.

Aujourd'hui la terre fleurit encore sur nos guérets, comme disaient toi et ma sœur, alors que vous voyiez la terre blanchir en un beau jour. Une infinité d'insectes bourdonnent dans l'air : le geai, la pie babillent dans les chênes, tandis que le merle siffle à plein gosier. Les chatons des saules exhalent leurs senteurs de miel; une multitude de fleurs s'épanouissent joyeuses au soleil, mais rien ne nous égaie comme autrefois. Tout le monde qui passe nous laisse indifférents. Toi et moi avons perdu ceux qui nous animaient plus que le soleil et le printemps.

Aux beaux jours d'été, vous et nous cueillions le lin en-

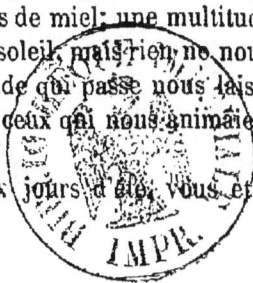

semble comme nous l'avions semé ensemble. Elle et toi en battiez la graine sur le champ. Puis ton frère et toi nous prépariez l'hiver une belle filasse douce que ma mère et moi étions fières de filer, pendant que notre Benjamine cousait en chantant les pièces de linge qui devaient remplir ses armoires de nouvelle mariée.

Ni elle ni nous ne pensions que cette toile devrait sitôt être transformée en son linceul.

COMPLÉMENTS.

On appelle *compléments* les mots qui complètent la signification d'autres mots.

Les compléments des verbes se distinguent en *compléments directs* et *compléments indirects*.

Complément direct. Pour reconnaître le complément direct, on met le mot *quoi* après le verbe, de manière à interroger. Les mots par lesquels on répond sont le complément direct. *Ex.*: Michel laboure le champ de son maître, Michel laboure *quoi*? Réponse : *Le champ de son maître. Le champ*, etc., est le complément direct de laboure.

Compléments indirects. Les compléments indirects répondent à l'une des questions : *A quoi, de quoi, pour quoi, dans quoi, avec quoi*, etc. *Ex.*: Je laboure *avec ma charrue neuve*. Je laboure *avec quoi*? Réponse : *avec ma charrue neuve. Ma charrue neuve* est un complément indirect.

DEVOIRS.

158. Écrire et souligner tous les compléments directs du trente-troisième exercice.

159. Écrire tous les verbes du même exercice avec leurs sujets et leurs compléments directs.

Michel	attelle	ses bœufs.
—	conduire	la charrue.
Les femmes	mettent	les pommes de terre.

160. Copier le même exercice et souligner les compléments indirects.

TRENTE-TROISIÈME EXERCICE.

LES POMMES DE TERRE.

Pendant que Michel attelle ses bœufs pour conduire la charrue dans le champ, les femmes mettent les pommes de terre dans des paniers. Elles choisissent celles qui ont le moins poussé en tas. Vous comprenez que ces pousses ont déjà épuisé la pomme de terre, qui en sera d'autant moins vigoureuse et donnerait de moins belles tiges. Vous couperez les gros tubercules de manière à ce que chaque morceau ait encore deux ou trois œils. Inutile de vous dire que des morceaux sans œil ou bourgeon ne pousseraient pas. Quelques personnes cherchent pour la plantation les petites pommes de terre, au lieu de couper les plus grosses. Elles ne réfléchissent pas que petite espèce produit le plus souvent petite espèce.

Au contraire, si on plantait, pendant plusieurs générations de pommes de terre, toujours les plus belles, on obtiendrait de plus gros tubercules.

Les pommes de terre aiment une terre légère et riche. Cultivées sur un terrain sablonneux, elles ont un goût plus délicat et sont moins sujettes à être malades que dans les terres argileuses et humides.

On a essayé beaucoup de remèdes contre la maladie de la pomme de terre ; aucun n'a réussi complétement.

Du reste, quelque soin que reçoivent les tubercules à la récolte, si vous voulez les conserver, tenez-les dans une obscurité complète.

La lumière a une action très-prompte sur les tubercules de pommes de terre. Elle en change la nature, pour ainsi dire, et transforme leurs principes féculents, sains, nourrissants, en principes très-malfaisants.

La pomme de terre appartient à une famille dangereuse, dont plusieurs individus sont des poisons. Je vous citerai, entre autres, le tabac, dont on extrait un suc tellement violent que quelques gouttes suffisent pour causer la mort ; la stramoine, la jusquiame et la belladone, qu'on vous conseille

quelquefois pour calmer des douleurs et qu'on fume pour
engourdir le mal de dents. La stramoine, ou pomme épineuse,
qui croît sur les grèves sablonneuses, a de grandes fleurs
blanches en cornet ; la jusquiame a des fleurs d'un jaune gris,
velues ainsi que les feuilles. Elle vient dans les cours pier-
reuses, sur les décombres : défiez-vous-en. Vous ne trouverez
pas la belladone dans nos contrées.

Répétons que toute cette famille est malfaisante, et que les
tubercules de la pomme de terre participent aux mauvaises
qualités de leur race aussitôt qu'ils recommencent à végéter
sous l'influence de la lumière.

Veillez donc à les en préserver.

DES DIFFÉRENTES ESPÈCES DE VERBES.

On distingue les verbes en *neutres, actifs, passifs,
pronominaux et unipersonnels.*

VERBES NEUTRES ET VERBES ACTIFS.

Un verbe est *neutre* lorsqu'il n'a pas de **complément
direct.** *Ex. : Je marche.*

Les verbes *neutres* peuvent avoir des compléments
indirects. *Ex. : Je marche dans ma chambre.*

Un verbe est *actif* lorsqu'il a un complément direct.
Ex. : Je commence mes labours.

Les verbes *actifs* peuvent avoir en outre des compléments indirects. *Ex. : Je commence mes labours par le
beau temps.*

Beaucoup de verbes peuvent être employés tantôt
comme verbes *actifs*, tantôt comme verbes *neutres*,
suivant qu'ils ont ou n'ont pas de complément direct,
je laboure par le beau temps, verbe neutre, *je laboure
mon champ*, verbe actif.

Les verbes *actifs* se conjuguent tous avec l'auxiliaire
avoir dans leurs temps composés et suivent les modèles
des conjugaisons donnés page 64.

La plupart des verbes *neutres* se conjuguent aussi avec *avoir* et suivent les mêmes modèles.

Certains verbes *neutres* se conjuguent avec l'auxiliaire *être* dans leurs temps composés suivant le modèle ci-dessous :

Conjugaison des verbes neutres, avec l'auxiliaire Être aux temps composés.

INFINITIF

Présent.	*Passé.*
Tomb er.	Etre tomb é *ou* tomb ée.

INDICATIF PRÉSENT.	PASSÉ INDÉFINI.	
Je tomb e.	Je suis	) tomb é
Tu tomb es.	Tu es	ou
Il *ou* elle tomb e.	Il *ou* elle est	) tomb ée.
Nous tomb ons.	Nous sommes	) tomb és
Vous tomb ez.	Vous êtes	ou
Ils *ou* elles tomb ent.	Ils *ou* elles sont	) tomb ées.

IMPARFAIT.	PLUS-QUE-PARFAIT.	
Je tomb ais.	J'étais	) tomb é
Tu tomb ais.	Tu étais	ou
Il *ou* elle tomb ait.	Il *ou* elle était	) tomb ée.
Nous tomb ions.	Nous étions	) tomb és
Vous tomb iez.	Vous étiez	ou
Ils *ou* elles tomb aient.	Ils *ou* elles étaient	) tomb ées.

PASSÉ DÉFINI.	PASSÉ ANTÉRIEUR.	
Je tomb ai.	Je fus	) tomb é
Tu tomb as.	Tu fus	ou
Il *ou* elle tomb a.	Il *ou* elle fut	) tomb ée.
Nous tomb âmes.	Nous fûmes	) tomb és
Vous tomb âtes.	Vous fûtes	ou
Ils *ou* elles tomb èrent.	Ils *ou* elles furent	) tomb ées.

FUTUR.	FUTUR ANTÉRIEUR.	
Je tomb erai.	Je serai	) tomb é
Tu tomb eras.	Tu seras	ou
Il *ou* elle tomb era.	Il *ou* elle sera	) tomb ée.
Nous tomb erons.	Nous serons	) tomb és
Vous tomb erez.	Vous serez	ou
Ils *ou* elles tomb eront.	Ils *ou* elles seront	) tomb ées.

CONDITIONNEL

Présent.   *Passé.*

Je tomb erais.   Je serais   } tomb é
Tu tomb erais.   Tu serais   }   ou
Il *ou* elle tomb crait.   Il *ou* elle serait } tomb ée.
Nous tomb erions.   Nous serions   } tomb és
Vous tomb eriez.   Vous seriez   }   ou
Ils *ou* elles tomb eraient. Ils *ou* elles seraient } tomb ées.

2e Conditionnel *passé.*

Je fusse   } tomb é
Tu fusses,   }   ou
Il *ou* elle fût } tomb ée.

IMPÉRATIF.

Tomb e.   Nous fussions   } tomb és
Tomb ons.   Vous fussiez   }   ou
Tomb ez.   Ils *ou* elles fussent } tomb ées,

SUBJONCTIF

Présent.   *Passé.*

Que je tomb e.   Que je sois   } tomb é
Que tu tomb es.   Que tu sois   }   ou
Qu'il *ou* qu'elle tomb e. Qu'il *ou* qu'elle soit } tomb ée.
Que nous tomb ions.   Que nous soyons   } tomb és
Que vous tomb iez.   Que vous soyez   }   ou
Qu'ils *ou* qu'elles tomb ent. Qu'ils *ou* qu'elles soient } tomb ées!

IMPARFAIT.   PLUS-QUE-PARFAIT.

Que je tomb asse.   Que je fusse   } tomb é,
Que tu tomb asses.   Que tu fusses   }   ou
Qu'il *ou* qu'elle tomb ât. Qu'il *ou* qu'elle fût } tomb ée.
Que nous tomb assions.   Que nous fussions } tomb és
Que vous tomb assiez.   Que vous fussiez   }   ou
Qu'ils *ou* qu'elles tomb assent. Qu'ils *ou* qu'elles fussent } tomb ées.

PARTICIPE

Présent.   *Passé composé.*

Tomb ant.   Étant tomb é *ou* tomb ée.

PARTICIPE *passé simple.*

Tomb é, tomb ée.

DEVOIRS.

161. Copier le trente-quatrième exercice.
162. Copier les verbes neutres avec leurs sujets.
163. Copier les verbes actifs du même exercice, avec leur sujet et leur complément direct.

TRENTE-QUATRIÈME EXERCICE.

LE NOIR ANIMAL, LE GUANO,
LA MARNE ET LE PHOSPHATE FOSSILE.

Les plantes vivent ;
Elles végètent ;
Elles croissent ;
Elles meurent.

Elles poussent et croissent d'autant plus vite et plus vigoureusement qu'elles sont mieux nourries.

Les engrais nourrissent les plantes ; les fumiers d'étable sont les meilleurs engrais et les plus complets. Lorsqu'ils ne suffisent pas, on emploie des engrais supplémentaires.

La chair, le crin, la laine, etc., forment des engrais très-actifs, comme tout ce qui a vécu de la vie animale.

Les os calcinés (brûlés), qui ont servi à raffiner le sucre, sont ce que nous appelons le noir animal. C'est un engrais très-stimulant, qui convient surtout dans les terres nouvellement défrichées. Malheureusement on ne le vend pas toujours pur ; on le mélange de matières noires pour tromper les yeux, de terre, de tourbe séchée et broyée, qui n'engraissent pas la terre et ne nourrissent pas les récoltes.

Le guano est aussi un engrais animal. Il nous vient du Pérou et des îles Chincha. Dans ces contrées, de nombreux oiseaux, qui vivent de poissons, habitent, nichent et meurent, se succédant depuis des siècles, sur les mêmes plages. Leurs déjections, leurs œufs, leurs cadavres, accumulés couches sur couches, forment à la longue des bancs ou gisements profonds d'une poussière jaune à odeur fortement pénétrante, c'est le guano. On nous l'apporte à grands frais, et il revient à un prix élevé.

Mais pourquoi va-t-on chercher cet engrais si loin? Ne trouve-t-on des gisements de poussière animale que dans ces pays éloignés? On en trouve ailleurs, mais non d'aussi riches. Ailleurs ils sont lavés par les pluies qui dissolvent, fondent en quelque sorte, les principes fertilisants que contiennent ces débris animaux, tandis que la pluie ne tombe jamais aux îles Chincha.

Le guano est un engrais très-actif; c'est pourquoi il convient pour ranimer au printemps les récoltes qui auraient souffert de l'hiver. On l'emploie aussi à cette époque sur les prairies. On doit le semer lorsque le temps annonce de la pluie; elle le fait pénétrer dans le sol.

Outre les engrais *nourrissants*, il y a des engrais *excitants*, dits aussi amendements, parmi lesquels nous citerons surtout : la marne, la chaux et les amendements calcaires, tels que les engrais de mer.

Les engrais *nourrissants* nourrissent les plantes comme le pain nourrit l'homme, comme l'herbe nourrit le bœuf; les *amendements* aident à la décomposition des principes nutritifs qui sont dans le sol, et ils en facilitent en quelque sorte *la digestion*. Mais, quoiqu'ils entrent aussi dans la composition des plantes, ils ne peuvent pas plus suffire à leur nourriture que le sel ne suffirait à celle de l'homme et des animaux.

Souvenons-nous donc que l'emploi des amendements, si on n'y joint pas l'emploi des fumiers, épuise la terre.

Ainsi vous avez entendu dire : « *La marne enrichit le père et ruine le fils.* » Mais ne prenez pas cela à la lettre. Si le père et le fils donnent de bons fumiers aux terres marnées, elles enrichiront l'un et l'autre.

La marne et les sables calcaires sont des bancs de coquillages que la mer a laissés derrière elle lorsqu'elle s'est retirée dans les bassins que Dieu lui avait creusés.

Les eaux ont longtemps couvert toute la terre. Les grands bouleversements qui ont mis à nu les parties que nous habitons et cultivons, ont englouti des animaux en grand nombre, et il est probable que c'est à leurs débris que nous devons les gisements de phosphate fossile qui s'exploitent aujourd'hui. Quoïqu'il en soit, ces phosphates auront sans doute une grande influence sur l'agriculture.

Des différentes espèces de Verbes.

VERBES NEUTRES ET VERBES ACTIFS (suite).

DEVOIRS.

164. Copier le trente-cinquième exercice.

165. Copier les verbes actifs qui se trouvent dans cet exercice, avec leur sujet et leur complément direct.

166. Souligner les verbes neutres.

TRENTE-CINQUIÈME EXERCICE.

SOIGNEZ VOS ARBRES.

Taillons les arbres.

Mais ne les taillons pas sans discernement.

Je ne parle pas des arbres à fruits, dont la taille demande des études spéciales, pour savoir ménager les boutons à fleur et retrancher, dans des proportions convenables, les pousses qui absorberaient à leur profit la sève qu'on veut diriger sur les fruits.

Je m'occupe seulement des arbres qu'on élève pour les bois et le bel aspect. Moins on touche à ceux-là, plus on obtient de beaux arbres.

Quelques personnes ont la manie de couper des branches pour que l'arbre monte davantage; cela le fait *filer*, dit-on. En effet, la sève qui devait nourrir les branches, ne les trouvant plus là pour s'y déverser, s'élance tout à coup vers le sommet de l'arbre; mais elle y est trop abondante; elle produit une tête exagérée proportionnellement à la force *du corps*. L'arbre ne peut se soutenir; il plie à droite et à gauche; le tronc ne s'élève plus comme une belle colonne, il ressemble à un serpent qui se tord.

5.

En outre, les branches qu'on a supprimées devaient porter des feuilles qui auraient contribué à nourrir l'arbre en puisant dans l'atmosphère des principes de vie.

En les retranchant on a détruit l'équilibre ; l'arbre viendra moins vite et restera moins vigoureux.

Ceci ne défend pas absolument d'enlever une branche qui menacerait de faire un *tronc fourchu*, par exemple. J'ajoute même que, si cela se présente, il vaut mieux couper plus tôt que plus tard. Lorsque l'arbre est jeune, il recouvre plus promptement les blessures qu'on lui a faites par ces *amputations*.

Quant à élaguer un arbre pour lui « décharger la tête, » suivant l'expression et l'habitude de certains jardiniers, cela sert à l'affaiblir et non à l'empêcher d'être brisé par le vent, comme ils le prétendent.

Autant que possible, nous devrions aussi laisser au pied de nos arbres les feuilles qui tombent, pour abriter leurs racines. C'est un manteau que Dieu leur donne pour passer l'hiver.

Ces feuilles se décomposent ensuite et forment un bon terreau pour la nourriture de l'arbre.

Le plus souvent, cependant, nous balayons les feuilles sèches qui couvrent le terrain de nos plantations. Nous oublions que les racines supportent mal le froid. Quelquefois on demande pourquoi tel arbre a un côté qui semble dépérir, tandis que l'autre a une végétation plus vigoureuse. C'est souvent parce que l'arbre a perdu des racines de ce côté malheureux.

Soignons nos arbres, aimons-les : ils font la plus grande beauté de nos campagnes ; ils gardent en réserve une fortune pour le propriétaire et pour la nation.

Des différentes espèces de Verbes (suite).

VERBES ACTIFS. — VERBES PASSIFS.

Le verbe *être* suivi du participe passé d'un verbe *actif* forme ce qu'on nomme un verbe *passif*. Ex. : *Mon champ est labouré.*

Les verbes *actifs* seuls peuvent former des verbes *passifs* (1).

Le verbe *passif* n'a jamais de complément direct. Il peut être employé sans complément ou avec un ou plusieurs compléments indirects.

Conjugaison des verbes passifs.

INFINITIF

Présent.	Passé
Être aim é *ou* aim ée.	Avoir été aim é *ou* aim ée.

INDICATIF PRÉSENT.		PASSÉ INDÉFINI.	
Je suis	⎫ aim é	J'ai été	⎫ aim é
Tu es	⎬ ou	Tu as été	⎬ ou
Il *ou* elle est	⎭ aim ée.	Il *ou* elle a été	⎭ aim ée.
Nous sommes	⎫ aim és	Nous avons été	⎫ aim és
Vous êtes	⎬ ou	Vous avez été	⎬ ou
Ils *ou* elles sont	⎭ aim ées.	Ils *ou* elles ont été	⎭ aim ées.

IMPARFAIT.		PLUS-QUE-PARFAIT.	
J'étais	⎫ aim é	J'avais été	⎫ aim é
Tu étais	⎬ ou	Tu avais été	⎬ ou
Il *ou* elle était	⎭ aim ée.	Il *ou* elle avait été	⎭ aim ée.
Nous étions	⎫ aim és	Nous avions été	⎫ aim és
Vous étiez	⎬ ou	Vous aviez été	⎬ ou
Ils *ou* elles étaient	⎭ aim ées.	Ils *ou* elles avaient été	⎭ aim ées.

PASSÉ DÉFINI.		PASSÉ ANTÉRIEUR.	
Je fus	⎫ aim é	J'eus été	⎫ aim é
Tu fus	⎬ ou	Tu eus été	⎬ ou
Il *ou* elle fut	⎭ aim ée.	Il *ou* elle eut été	⎭ aim ée.
Nous fûmes	⎫ aim és	Nous eûmes été	⎫ aim és
Vous fûtes	⎬ ou	Vous eûtes été	⎬ ou
Ils *ou* elles furent	⎭ aim ées.	Ils *ou* elles eurent été	⎭ aim ées.

(1) Le verbe *actif* est ainsi nommé parce que son sujet est le plus souvent *actif*, c'est-à-dire *agissant*, *opérant*, et par opposition au verbe *passif* dont le sujet est *passif*, c'est-à-dire *subissant*, *éprouvant* un effet produit.

Tout verbe *actif* peut former un verbe *passif*. Le complément direct du verbe *actif* devient le sujet du verbe *passif*. Ex. : *Pierre conduit les bœufs* (*conduit*, verbe *actif*). — *Les bœufs sont conduits par Pierre* (*sont conduits*, verbe *passif*).

	FUTUR.			FUTUR ANTÉRIEUR.	
Je serai	)aim é		J'aurai été		)aim é
Tu seras	} ou		Tu auras été		} ou
Il *ou* elle sera	)aim ée.		Il *ou* elle aura été		)aim ée.
Nous serons	)aim és		Nous aurons été		)aim és
Vous serez	} ou		Vous aurez été		} ou
Ils *ou* elles seront	)aim ées.		Ils *ou* elles auront été		)aim ées.

CONDITIONNEL

	Présent.			*Passé.*	
Je serais	)aim é		J'aurais été		)aim é
Tu serais	} ou		Tu aurais été		} ou
Il *ou* elle serait	)aim ée.		Il *ou* elle aurait até		)aim ée.
Nous serions	)aim és		Nous aurions été		)aim és
Vous seriez	} ou		Vous auriez été		} ou
Ils *ou* elles seraient	)aim ées.		Ils *ou* elles auraient été		)aim ées.

Deuxième conditionnel *passé*

J'eusse été	)aim é
Tu eusses été	} ou
Il *ou* elle eût été	)aim ée.
Nous eussions été	)aim és
Vous eussiez été	} ou
Ils *ou* elles eussent été	)aim ées.

IMPÉRATIF.

Sois	aim é *ou* aim ée.
Soyons	)aim és *ou*
Soyez	)aim ées.

SUBJONCTIF

	Présent.			*Passé.*	
Que je sois	)aim é		Que j'aie été		)aim é
Que tu sois	} ou		Que tu aies été		} ou
Qu'il *ou* qu'elle soit	)aim ée.		Qu'il *ou* qu'elle ait été		)aim ée.
Que nous soyons	)aim és		Que nous ayons été		)aim és
Que vous soyez	} ou		Que vous ayez été		} ou
Qu'ils *ou* qu'elles soient	)aim ées.		Qu'ils *ou* qu'elles aient été		)aim ées.

IMPARFAIT.

			PLUS—QUE—PARFAIT.	
Que je fusse	)aim é	Que j'eusse été		)aim é
Que tu fusses	} ou	Que tu eusses été		} ou
Qu'il *ou* qu'elle fût	)aim ée.	Qu'il *ou* qu'elle eût été		)aim ée.
Que nous fussions	)aim és	Que nous eussions été		)aim és
Que vous fussiez	} ou	Que vous eussiez été		} ou
Qu'ils *ou* qu'elles fussent	)aim ées.	Qu'ils *ou* qu'elles eussent été		)aim ées.

PARTICIPE

Présent.   *Passé composé*

Étant aim é *ou* aim ée.   Ayant été aim é *ou* aim ée

PARTICIPE *passé simple.*

Été aim é *ou* aim ée.

REMARQUE. Le verbe passif n'a pas de temps simples à proprement parler. Il emploie à tous les temps l'auxiliaire *être*.

DEVOIRS.

167. Copier le trente-sixième exercice et souligner les verbes passifs.

168. Écrire en une colonne les verbes actifs avec leur sujet et leur complément direct.

169. Écrire en regard les verbes passifs avec leur sujet.

170. Analyser les verbes passifs de cet exercice.

TRENTE-SIXIÈME EXERCICE.

**HERSEZ VOS BLÉS ET VOS PRÉS;
PLUS ILS AURONT ÉTÉ HERSÉS, ROULÉS,
PLUS HERBE ET BLÉ SONT ASSURÉS.**

La gelée a soulevé la terre au pied de vos blés.

Quand la terre a été soulevée par la gelée, les racines sont moins à l'abri du froid, de l'humidité et des vers.

Roulez donc vos blés pour raffermir le sol. Lorsque les blés sont roulés, vous pouvez aussi les herser.

Quelquefois les blés doivent être hersés sans avoir eu besoin d'être roulés. En effet, si les pluies ont battu la terre de manière qu'elle soit tassée plutôt que soulevée, la herse seule est nécessaire.

Mais quel bien font les hersages?

N'avez-vous pas remarqué que la terre est dure à la surface? L'air, la chaleur des premiers beaux jours la pénétreraient difficilement; les rosées de mai et les bienfaisantes pluies de l'été ne parviendraient pas aux nouvelles racines qui se forment, à cette époque, au collet de la plante. Lorsqu'elle a été hersée, cette couche durcie redevient meuble; le soleil et l'humidité la pénètrent facilement. D'ailleurs certaines mauvaises herbes commençaient à menacer la récolte. Voyez-vous les véroniques, le coquelicot, les ravenelles ? Elles n'ont pas été semées, mais elles étaient dans le sol avant le blé ; depuis bien des années peut-être chaque graine dormait enveloppée dans quelque motte de terre qui l'abritait : un labour l'a ramenée à la surface ; elle a vu le jour, elle a retrouvé la vie, fraîche et jeune comme la *belle au bois dormant* de nos contes, qui reprenait vie après avoir dormi cent ans.

Toutes ces petites plantes gêneraient, étoufferaient le blé plus tard. Détruisons-les avant que le blé soit étouffé.

Elles ont de faibles racines ; la herse les arrachera et n'attaquera pas le blé. Du reste, si quelques brins de blé étaient arrachés, les autres rempliraient vite les places vides. Vous êtes effrayé de lancer ainsi l'instrument destructeur au milieu de vos sillons. Croyez-moi, fermez les yeux, ne les ouvrez qu'au bout du champ. Regardez aux dents de votre herse ; que voyez-vous ? Sur cinquante pieds de véronique, mouron, coquelicot, nous ne trouvons guère qu'un pied de froment, sacrifions-le sans crainte. Attaquons la planche voisine, lorsqu'elle sera finie, examinons encore le paquet d'herbes qu'elle aura fourni. Décidément nous achèverons le champ, et quand il sera achevé nous ne craindrons plus la herse. Cependant, sur le soir, si nous regardons le blé mêlé, foulé, un peu flétri, l'inquiétude nous saisira encore. Attendons quelques jours ; au bout de la semaine le froment a redressé ses feuilles ; elles sont plus vertes, plus vigoureuses. Vive le hersage ! nous herserons nos grains tous les ans, et, lorsqu'ils seront hersés, nous passerons à nos prés.

Ils seront brossés plutôt que hersés. Nous ne voulons pas déchirer la terre, mais la fouler au pied de l'herbe ; abattre les taupinières, étendre les petits monticules d'argile que les vers de terre ont élevés sur le sol après en avoir apporté les éléments des couches inférieures, pour rechausser les délicates racines des graminées.

Pour ce travail des prairies, nous garnirons de branches d'épines l'intervalle qui est entre les dents d'une herse légère, ou même nous attacherons les branches d'épines sous une sorte de bâti ou châssis en bois ; cela balaiera suffisamment.

Si le sol de certaines prairies a été soulevé par l'hiver, nous emploierons le rouleau. Les graminées aiment que le sol soit tassé. Nous le tasserons, et elles nous récompenseront de nos soins.

Quelques prairies sont amaigries à la suite de l'hiver ; un peu d'engrais les ramènerait. Du terreau riche et bien consommé fournirait une bonne et riche nourriture. Les engrais en poudre, le guano surtout, activeraient rapidement la végétation et seraient payés par une augmentation de récolte.

Des différentes espèces de Verbes (suite).

VERBES PRONOMINAUX.

Un verbe *pronominal* ou *réfléchi* a pour complément un pronom personnel de la même personne que le sujet (1). *Ex. : Je me repens.*

Dans certains verbes *pronominaux*, le pronom complément est complément direct. *Ex. : Elles se sont rendues indispensables* (*se* pour *elles*).

Dans d'autres verbes *pronominaux*, le pronom complément est complément indirect. *Ex. : Elles se sont rendu compte* (*se* pour *à elles*).

Tous les verbes *pronominaux* se conjuguent avec l'auxiliaire *être* dans leurs temps composés.

Dans les verbes *pronominaux directs*, le participe passé des temps composés est variable et s'accorde avec le *pronom complément*.

Dans les verbes *pronominaux indirects*, le participe passé des temps composés reste invariable.

---

(1) Ces verbes ne devraient pas former une espèce particulière s'ils ne présentaient pas, comme les verbes neutres, quelque particularité pour leur conjugaison.

Conjugaison des verbes pronominaux.

Pronominaux directs.	Pronominaux indirects.		Pronominaux directs.	Pronominaux indirects.

INFINITIF

Présent.

| Se flatter. | Se parler. | | | |

Passé.

| S'être flatté ou flattée. | S'être parlé. | | | |

PARTICIPE *présent*.

| Se flattant. | Se parlant. | | | |

PARTICIPE *passé composé*.

| S'étant flatté ou flattée. | S'étant parlé. | | | |

PARTICIPE *passé simple*.

| Flatté ou flattée. | Parlé. | | | |

INDICATIF

Présent.

| Je me flatte. | Je me parle. | | | |

Passé indéfini.

| Je me suis flatté ou flattée. | Je me suis parlé. | | | |
| Nous nous sommes flattés ou flattées. | Nous nous sommes parlé. | | | |

IMPARFAIT.

| Je me flattais. | Je me parlais. | | | |

PLUS-QUE-PARFAIT.

| Je m'étais flatté ou flattée. | Je m'étais parlé. | | | |
| Nous nous étions flattés ou flattées. | Nous nous étions parlé, | | | |

PASSÉ DÉFINI.

| Je me flattai | Je me parlai | | | |

PASSÉ ANTÉRIEUR.

| Je me fus flatté ou flattée | Je me fus parlé | | | |

Je me flatterai. Je me serai flatté *ou* flattée. Je me suis parlé.
        Nous nous serons flattés *ou* flattées. Nous nous serons parlé.

Présent.   *Passé.*

CONDITIONNEL.

Je me flatterais. Je me serais flatté *ou* flattée. Je me serais parlé.
        Nous nous serions flattés *ou* flattées. Nous nous serions parlé.

            Deuxième passé.

      Je me fusse flatté *ou* flattée. Je me fusse parlé.
      Nous nous fussions flattés *ou* flattées. Nous nous fussions parlé.

IMPÉRATIF.

Flatte-toi. Parle-toi.

SUBJONCTIF.

Présent.   *Passé.*

Que je me flatte. Que je me sois flatté *ou* flattée. Que je me sois parlé.
        Que nous nous soyons flattés *ou* flattées. Que nous nous soyons parlé.

IMPARFAIT.   PLUS-QUE-PARFAIT.

Que je me flattasse, Que je me parlasse, Que je me fusse flatté *ou* flattée. Que je me fusse parlé.
        Que nous nous fussions flattés *ou* flattées, Que nous nous fussions parlé.

DEVOIRS.

171. Copier le trente-septième exercice et souligner les verbes pronominaux.

172. Écrire tous ces verbes avec leur sujet, leur complément direct et leur complément indirect.

MODÈLE.

Sujet.	Verbe.	Complément direct.	Complément indirect
Tu.	Repens.	Te.	De n'avoir pas.

173. Analyser tous ces verbes et les distinguer en pronominaux directs et pronominaux indirects.

TRENTE-SEPTIÈME EXERCICE.

PRAIRIES ARTIFICIELLES

LUZERNE, TRÈFLE, SAINFOIN, VESCES
(LÉGUMINEUSES.)

Mon cher Mathurin,

Tu te repens de n'avoir pas fait de luzernières;
Tu te résous à en semer cette année;
Je m'abstenais de blâmer;
Je m'empresse d'approuver.
Sans fourrages nourrissants, pas de bestiaux en bon état.
Sans bestiaux gras, pas de fumiers riches.
Sans fumiers riches, pas de culture.

Or, entre tous les fourrages, la luzerne est peut-être le plus nourrissant.

Je me félicite donc, pour toi et pour ma ferme, que tu te sois décidé à en essayer.

Tu ne te trompes pas lorsque tu crois que le champ des acacias convient à cette culture.

Il se trouve sur un sous-sol calcaire où les longues racines pivotantes de la luzerne sauront bien s'enfoncer.

Je me souviens d'avoir vu autour de ce champ de fort beaux acacias qui s'y plaisaient certainement, car ils se portaient bien, à en juger par leur feuillage vigoureux et leur croissance rapide.

On trouvait dans les haies beaucoup de clématites, et sur les sillons la chicorée sauvage, l'ononis ou arrête-bœuf aux tiges traînantes, dures, souvent épineuses, aux jolies fleurs rosées, en papillon, comme la fleur des pois.

Acacias, clématites, arrête-bœufs indiquent nécessairement du calcaire.

Tu peux semer, sur ce renseignement, luzerne et sainfoin.

Toutes les plantes aux fleurs en papillon s'arrangent du calcaire ; quelques-unes l'exigent.

Mais souviens-toi que la luzerne ne te donnera pas de fortes coupes avant la troisième année. Ne néglige donc pas de semer des trèfles dans les grains de printemps : ils te feront un bon fourrage dès l'année prochaine ; ils étoufferont les mauvaises herbes qui voudraient s'établir sur ton terrain, et, de plus, le froment se trouvera très-bien de cette préparation.

Je vois avec plaisir que tu te préoccupes de tes fourrages pour la fin de l'été. Les vesces te seront d'une grande ressource.

Données en vert, elles sont fort nourrissantes ; séchées, elles font un bon foin, surtout pour les bêtes à cornes.

Les fourrages qui se sèment sur nos champs et suppléent à ceux des prairies se nomment *fourrages artificiels*; les champs qui les produisent s'appellent *prairies artificielles*.

Nous nous conformerons à l'usage qui accepte ces désignations ; mais je me permets de les trouver peu exactes.

Quoi qu'il en soit, je te ferai remarquer que les *prairies artificielles* se composent le plus généralement de plantes à fleurs *en papillon*, de la famille des *papillonacées*, ou *légumineuses*.

Le premier nom est dû à la forme de la fleur, le second à la dénomination de *légume* donnée par les botanistes à l'étui ou gousse qui renferme les graines.

Garde-toi de comprendre sous ce nom de *légumineuses* les choux, carottes et autres *légumes* de la cuisine.

Si je me retrouve jamais ton voisin, si mes occupations me

permettent de revenir pour quelques mois à la campagne, nous nous donnerons le plaisir d'étudier à quels grands groupes appartiennent les principales plantes de nos cultures.

Mais je m'arrête pour aujourd'hui : occupe-toi de tes prairies artificielles et crois-moi.

Ton bien dévoué,

JEAN.

Des différentes espèces de Verbes (suite).

VERBES UNIPERSONNELS.

Les verbes unipersonnels ne se conjuguent qu'avec le pronom *il*.

Ils emploient l'auxiliaire *avoir* dans leurs temps composés.

Conjugaison du verbe unipersonnel.

INFINITIF

Présent.	*Passé.*
Tonner.	Avoir tonné.

PARTICIPE

Présent.	*Passé composé.*
Tonnant.	Avoir tonné.

PARTICIPE *passé simple.*

Tonné.

INDICATIF

Présent.	*Passé indéfini.*
Il tonne	Il a tonné.
IMPARFAIT.	PLUS-QUE-PARFAIT.
Il tonnait.	Il avait tonné.
PASSÉ DÉFINI.	PASSÉ ANTÉRIEUR.
Il tonna.	Il eut tonné.
FUTUR.	FUTUR ANTÉRIEUR.
tonnera.	Il aura tonné.

CONDITIONNEL.

Présent.   *Passé.*

Il tonnerait.   Il aurait tonné.

Deuxième passé.

Il eût tonné.

SUBJONCTIF.

Présent.   *Passé.*

Qu'il tonne.   Qu'il ait tonné.

IMPARFAIT.   PLUS-QUE-PARFAIT.

Qu'il tonnât.   Qu'il eût tonné.

DEVOIRS.

174. Copier le trente-huitième exercice et souligner les verbes uni-personnels.

175. Écrire en une colonne tous les verbes de cet exercice et les mettre en regard au pluriel.

TRENTE-HUITIÈME EXERCICE.

PRAIRIES NATURELLES

(GRAMINÉES).

Il neige,
Il grêle,
Il pleut.

Où va notre Mathurin quand il fait si mauvais temps?

Il prend sa bêche sur l'épaule; il descend dans ses prairies pour s'assurer que l'eau coule bien partout, inondant le plus de terrain possible; que rien ne s'en perdra avant d'avoir laissé sur le sol son dépôt fertilisant.

Quelle vertu a donc cette eau des prairies? Qu'est-il tant besoin de la ménager en cette saison, quand la terre a reçu toutes les pluies de l'hiver?

Il y a eau et eau. Il en tombe des nuages, c'est de l'eau. Il en tombe des coteaux de champs cultivés, engraissés, qui encaissent les petites vallées des prairies, c'est de l'engrais.

Les parties animales que contiennent les engrais sont les plus légères, celles que l'eau entraîne le plus facilement. Il

se trouve donc que les pluies, coulant sur les terrains en
pente, charrient *la graisse* qui les couvre et deviennent ainsi
très-fertilisants.

Il s'est fait ainsi, dans les vallées, des dépôts successifs
auxquels on a donné le nom de terrains d'alluvion. Ce sont
les plus riches, les prairies naturelles par excellence.

Il y croît surtout des graminées, ce que nous appelons de
l'herbe dans notre langage familier. Petites plantes à chaume
entrecoupé de nœuds solides, d'où partent des feuilles longues, étroites, engaînantes, à épis serrés ou lâches, de petites
fleurs verdâtres. Le savant et aimable Linné disait : « Les
gramens, petit peuple, campagnards, pauvres en leurs habits,
gens de chaume, communs, simples, vivaces, constituant la
force et la puissance du règne végétal, se multipliant davantage à mesure qu'on les maltraite et foule aux pieds. »

Il faut ajouter que tout ceci convient seulement aux graminées de nos prairies, à l'herbe de nos foins.

Il y a bien d'autres graminées : le blé ou froment, l'orge,
l'avoine, appelés aussi céréales parce que les anciens ado-
raient une divinité du nom de Cérès, qui protégeait, disaient-
ils, les moissons.

Le maïs, le sorgho, le millet, le riz sont les géants des
graminées que nous cultivons en Europe.

Il est bon de te nommer aussi la canne à sucre, qui croît
en des pays plus chauds. C'est de cette plante qu'on extrayait
autrefois tout le sucre qui se consommait. Il en est fait maintenant la plus grande partie avec les betteraves, c'est pourquoi il est devenu moins cher.

Mais il ne tombe plus d'eau. Il fait beau temps : le soleil
va réchauffer la terre humide; il faudra voir nos herbes dans
quelques jours. Elles feront bientôt un riche tapis, dont la
verdure s'émaillera de renoncules jaunes, de grandes mar-
guerites blanches au cœur d'or, de pentecôtes aux quenouilles
rouges ou blanches; le myosotis bleu fleurira le long des
ruisseaux.

Il arrivera un jour où toutes ces fleurs verront leur cou-
ronne s'effeuiller à leurs pieds.

Il sera temps que les graminées montent pour fleurir à leu

tour. Dactyles, brômes, agrostis et paturins développeront leurs panaches; vulpins, crételle, flouve et fléole élèveront leurs épis serrés. Puis viendra la saison de les couper. « L'homme vit peu de jours, dit un psaume de David ; il tombe comme l'herbe des champs. »

Il faudra donc faucher, faner ; alors il y aura toujours trop de pluie, et, lorsqu'il tonnera, quand l'orage éclatera en torrents, Mathurin reprendra sa bêche ; il suivra le cours des ruisseaux pour faire écouler l'eau qui noierait ses foins.

Plus tard, lorsqu'ils seront enlevés, s'il pleut sur les prairies, il y aura des regains.

Récapitulation.

DEVOIRS.

176. Copier le trente-neuvième exercice et souligner tous les verbes.
177. Écrire tous ces verbes avec leur sujet et leurs compléments.
178. Écrire tous ces verbes et en indiquer l'espèce.
179. En indiquer le mode et le temps.
180. En indiquer la personne et le nombre.

TRENTE-NEUVIÈME EXERCICE.

FOURRAGES ET RACINES FOURRAGÈRES.

« Que mangent vos vaches en ce moment, mère Monique ?

— Elles mangent ce qu'elles trouvent ; la pâture n'est pas grasse après l'hiver.

— Elles ne sont guère grasses non plus, les pauvres bêtes. Je les entends beugler de faim quand vous les ramenez à l'étable. Trouvent-elles seulement un peu de foin au râtelier ?

— Il n'y a plus de foin en cette saison, monsieur Mathurin, mais je leur donne ce que j'ai de paille pour les désennuyer. Elles engraisseront quand l'herbe poussera.

— Tout ce qu'elles mangeront pour se remettre en bon état ne fera que réparer le mal de l'hiver et ne portera en réalité aucun profit. Voyons, est-ce que vous vous refuseriez à m'écouter si je vous expliquais comment vous pourriez être pourvue de nourriture pour vos vaches en toute saison?

— Dites toujours, Mathurin, je n'en ferai que ce que je voudrai.

— Il faudrait s'y prendre d'avance, comme vous le savez. Chaque chose se sème en son temps. Pour moi, je m'arrange de façon à m'assurer des fourrages et des racines fourragères dans l'ordre qui suit :

Dernière quinzaine de mars.	*Navette.*
Première quinzaine d'avril. .	*Colza.*
Dernière quinzaine d'avril. .	*Seigle, trèfle incarnat.*
Première quinzaine de mai et jusqu'en juillet..	*Trèfle commun, vesces d'hiver.*
De juillet à fin d'août.	*2e coupe de trèfle, vesces de printemps.*
Fin d'août et commencement de septembre...	*Vesces de printemps tardives: pois, maïs, sorgho, sarrasin.*
Fin de septembre.	*Choux, jusqu'en janvier, s'il ne gèle pas trop fort.*
De novembre à mai..	*Betteraves, carottes, turneps.*

Sur une ferme où il y a des luzernes, elles donnent des coupes successives depuis mai jusqu'en octobre.

— Bon pour vous qui allez en grand, répondit la vieille Monique ; vous louez une grosse ferme, vous recueillez beaucoup ; moi je ne laboure que mon bien, vous savez que c'est peu de chose. Vous connaissez mes petits champs. Ils ne tiennent pas plus de 40 journaux, 20 hectares, comme vous dites à présent.

— Sur une petite terre, on cultive de chaque chose à proportion, voisine.

— Les enfants deviennent grands, on mange beaucoup, il faut du grain.

— Mais je veux du grain aussi, je ne peux m'en passer, j'en vends pour aider à payer la ferme. J'en recueille plus que si je mettais toute la terre en blé, parce que je fume

grassement ce que j'en fais, et parce que je ne répète pas blé
après blé, la terre se trouve ainsi délassée et nettoyée par les
fourrages et racines.

— Nous laissons encore bien mieux nos champs se reposer
puisque nous les gardons en pâture.

— Il est fâcheux que vos pâtures soient composées préci-
sément des mauvaises herbes qui poussent dans les cultures
et qu'on devrait chercher à détruire. Aussi vos terres se salissent de plus en plus ; d'ailleurs un terrain en pâture ne
produit en nourriture pour vos bestiaux que la vingtième
partie de ce que produirait la même étendue cultivée en fourrages consommés à l'étable.

— Ah ! pour l'étable, ne m'en parlez pas. Jamais je ne
croirai que mes vaches puissent vivre sans sortir, elles ne
produiraient plus de lait. Il vaudrait mieux les tuer tout d'un
coup que de les faire tomber en langueur, en les enfermant
toute la journée. Il faut qu'elles aillent à la pâture.

— Je me flatte que les miennes ne meurent pas de langueur quoiqu'elles ne sortent pas de l'étable, venez les voir,
s'il vous plaît, vous me flatterez beaucoup.

— Il suffit, monsieur Mathurin, je n'ai pas de temps à perdre pour admirer vos bêtes grasses, vous vous admirez bien
assez tout seul.

Mathurin fut offensé d'une pareille injustice. Il avait voulu
donner de bons conseils, il cherchait à être utile, et on l'ac-
cusait de se vanter. Il parcourut les champs qu'il avait fer-
tilisés par ses soins et son intelligente direction. Il rejoignit
son attelage qui hersait, conduit par un de ses fils, tandis
que le plus jeune semait le trèfle dans les grains de printemps. Il revint vers la ferme et alla voir ruminer ses vaches.
Elles lui parurent plus sages que les hommes.

Lorsqu'il rentra, sa femme venait au-devant de lui tenant
son petit-fils entre ses bras. Monique fut oubliée. Qu'importe
l'opinion d'un étranger malveillant à celui qui jouit des af-
fections de la famille ? Que peuvent les discours fâcheux pour
l'homme qui se rend le témoignage d'avoir essayé de faire le
bien ?

LE PARTICIPE PRÉSENT (1)

Le participe présent est toujours terminé par *ant* et toujours invariable. *Ex.*: *Les enfants, en obéissant à leurs maîtres, remplissent leur devoir.*

Quelquefois il devient adjectif et alors il s'accorde comme les autres adjectifs. *Ex.*: *Les enfants obéissants seront récompensés.*

DEVOIRS.

181. Copier le quarantième exercice, souligner d'un trait les participes présents; souligner de deux traits les participes présents pris adjectivement.

182. Tourner tout l'exercice au pluriel.

QUARANTIÈME EXERCICE.

LE BEURRE.

Marie ne va point sarclant, fanant ou moissonnant, suivant la saison.

Elle se rend utile en allant, venant, surveillant, ayant l'œil à tout : ménage, jardin, étable, laiterie.

En ce mois les fourrages plus abondants et plus succulents produisent plus de lait, les soins de la laiterie sont plus intéressants.

Notre ménagère, lavant, nettoyant, aérant, préserve sa laiterie des odeurs acides et fétides, qui font cailler le lait trop vite, avant que la crème ait eu le temps de se séparer des autres parties composant le lait et de monter à la surface.

---

(1) Le participe est ainsi nommé parce qu'il participe (il tient) du verbe et de l'adjectif.

Elle se garde bien de verser le lait d'une *traite* dans un vase où il s'en trouverait de la *traite* précédente, ce qui aurait le double inconvénient de faire aigrir le lait plus vite et de troubler la crème commençant à monter.

Elle a remarqué que, dans des vases très-profonds, la crème a trop de chemin à faire pour s'élever du fond à la surface. Elle n'a donc que des jattes larges et basses.

Des voisins dénigrants sont venus critiquer ce système, prétendant que la couche de crème est moins épaisse que sur des pots profonds et étroits.

Marie répond en souriant : « Certainement, la couche de crème doit être moins épaisse puisqu'elle est plus étendue, » et, prenant une boule de pâte qu'elle aplatit, elle fait voir que la même quantité va diminuant d'épaisseur à mesure qu'elle s'étend davantage. La question est dans la quantité et non dans l'épaisseur de la couche de crème.

Ces détails semblent fatigants (1) et minutieux aux ménagères négligentes ; mais Marie trouve son plaisir autant que son intérêt dans les soins de sa maison.

On l'y voit toujours le visage grave ou souriant, jamais maussade ; ses serviteurs obéissants, ses enfants prévenants, son mari complaisant, en obéissant à ses ordres, en prévenant ses désirs, lui causent une douce satisfaction et une fierté légitime.

LE PARTICIPE PASSÉ

Première règle. Dans les verbes qui se conjuguent avec l'auxiliaire *être*, le participe passé s'accorde avec le sujet du verbe. *Ex.* : Les vaches *sont vendues.* (Excepté dans les verbes pronominaux.)

Deuxième règle. Dans les verbes qui se conjuguent

---

(1) Ne pas confondre les participes présents *fatiguant, négligeant,*

avec l'auxiliaire *avoir*, le participe passé s'accorde avec le régime direct, *seulement s'il en est précédé.* Ex. : Les vaches que *j'ai vendues. J'ai vendu* des vaches.

REMARQUE. Le participe passé des verbes pronominaux suit la règle des participes passés employés avec *avoir* (1).

Il n'est donc variable que dans les pronominaux directs, et alors il s'accorde avec le second pronom.

DEVOIRS.

183. Copier le quarante et unième exercice et souligner les participes passés employés avec *être*.

184. Écrire dans une colonne toutes les phrases où se trouvent des participes passés avec *être*.

185. Mettre en regard ces mêmes phrases au pluriel.

QUARANTE ET UNIÈME EXERCICE

LAITERIE.

— Bonjour, Marie ; nous sommes venus pour voir faire le beurre, si vous le permettez. Sommes-nous arrivés au bon moment?

— Un peu en retard, messieurs, les habitants de la ville ne sont pas levés comme nous avant le soleil.

— Êtes-vous disposée à commencer ?

— Oui certainement. La crème est versée, il n'y a plus qu'à baratter. Dans une demi-heure au plus, le beurre sera formé.

Pendant que la servante tourne la baratte, nos messieurs sont allés fumer leur cigare. Puis ils sont revenus au bout de dix minutes.

---

précédant, etc., avec les adjectifs *fatigant, négligent, précédent*, etc., qui se prononcent de même, mais s'écrivent différemment.

(1) Dans les verbes pronominaux, l'auxiliaire *être* est employé pour *avoir*. Ex. : Nous nous *sommes* blessés, est mis pour : nous nous *avons* blessés. Le premier *nous* est sujet ; le second *nous* est complément direct.

— Regardons, dit l'un.

La baratte est ouverte pour eux, mais elle est promptement refermée sur la recommandation de la ménagère. « Si l'opération était suspendue, assure-t-elle, le beurre ne se ferait plus. » Elle a parfaitement raison.

Après dix minutes encore, ils sont rentrés de nouveau.

— Ne vous éloignez pas, messieurs, voici le moment où l'opération sera terminée. Voyez-vous de petits grains jaunes courant à travers le lait ; c'est le beurre qui est *germé*. Tournons plus doucement pour rassembler tous ces petits globules, bientôt ils seront réunis en une pelote. Ne sentez-vous pas un poids sur les *battes* quand vous tournez ? le beurre est *massé*.

On enlève le bouchon qui est au bas de la baratte ; le lait sort tout tiède. De l'eau à la chaleur de la main est versée pour le remplacer ; on tourne quelques tours, on rejette l'eau qui a été blanchie par le lait sortant du beurre. Une nouvelle eau toute froide est employée, puis une troisième. Voyez, la dernière est restée limpide, c'est que le beurre a bien rendu tout son lait.

Voici la jatte de bois où sera déposée la motte de beurre. Elle n'a pas été mouillée à l'eau fraîche, fait observer Marie, le beurre s'y attacherait.

La jatte et la cuiller sont lavées de nouveau.

Marie imprime à la jatte un mouvement de va-et-vient qui fait tourner le beurre sur lui-même, et l'eau en est ainsi exprimée.

— Pesons, dit-elle enfin. La crème de vingt-quatre litres de lait doit donner un kilogramme de beurre. Cependant si toutes mes vaches étaient *en frais lait*, j'aurais moins de crème, et par conséquent moins de beurre. Au contraire, si elles étaient très-vieilles de lait, j'aurais plus de crème et plus de beurre à proportion du lait.

— Ah ! vous ne battez que la crème. Chez moi lait et crème sont barattés tout ensemble.

— C'est se donner plus de peine, sans en retirer plus de beurre, je vous assure, et le beurre n'en est pas non plus meilleur. Cependant si vous ne tiriez que très-peu de lait et s'il fallait attendre trop longtemps pour avoir assez de crème, elle prendrait mauvais goût, alors il serait mieux de mettre lait et crème et de faire le beurre plus souvent. Dans tous les cas, il convient que crème ou lait soient laissés à aigrir un peu, si on veut en retirer tout le beurre possible. Du lait qui serait baratté sortant du pis de la vache donnerait à peine quelques grammes de beurre par litre.

— Votre baratte à battes rotatives donne-t-elle plus de beurre que celles où la crème est battue de haut en bas?

— Ni plus, ni moins ; mais elle est moins dure à faire mouvoir.

— Il ne faut pas que le beurre soit fait trop vite.

— C'est vrai, mon mari a vu une baratte avec des engrenages qui faisaient tourner les battes aussi vite que les arbres de nos machines à battre. Le beurre fut fait dans trois minutes, mais on fut très-étonné de n'en trouver que cent grammes pour vingt-quatre litres de lait qu'ils avaient mis avec toute sa crème. Pardon, continua la ménagère, il est temps que j'aille voir aux fromages. Les servantes ne sont pas habituées à les traiter sans moi, et vous ne serez peut-être pas fâchés de voir aussi la fromagerie.

Participe passé conjugué avec AVOIR.

DEVOIRS.

186. Copier la première colonne du quarante-deuxième exercice et souligner les participes passés employés avec *avoir*.

187. Même travail pour la deuxième colonne.

QUARANTE-DEUXIÈME EXERCICE.

LES FROMAGES.

— Mon ami et moi, nous sommes des amateurs de fromages, mais nous ne les avons jamais réussis par aucune méthode, dit un de ces messieurs.

— Mon ami et moi, nous sommes des amateurs de fromages, mais nous n'avons jamais réussi à en faire de bons, par aucune méthode, dit un de ces messieurs.

— Comment les aurions-nous bien faits ? reprit l'ami à son tour. Les livres que nous avons consultés indiquaient un grand nombre de façons, nous les avons toutes essayées pêle-mêle.

— Je ne sais qu'une manière de les faire, répondit Marie; nous l'avons toujours employée sans en essayer d'autre.

— Ainsi vous ne vous êtes jamais occupée de perfectionner vos fromages.

— Pardon, à mesure que nous nous sommes aperçus de quelque défaut dans notre fabrication, nous nous sommes appliqués à observer de quelle cause il pouvait provenir et cette cause nous l'avons détruite quand cela nous a été possible.

Par exemple, je me suis aperçue que le fromage est dur et grumeleux si on fait trop cailler le lait ; la quantité de présure a été diminuée.

Ainsi nous nous sommes assurés que si les fromages ne s'égouttent pas suffisamment avant de *passer* ou *affiner*, ils sont amers, et nous les avons laissés plus longtemps dans le *séchoir* acré.

— Comment aurions-nous bien fait nos fromages? reprit l'ami à son tour. Nous avons consulté des livres qui indiquaient un grand nombre de façons, nous avons essayé tout cela pêle-mêle.

— Je ne sais qu'une manière de les faire, répondit Marie; nous avons toujours employé la même sans en essayer d'autre.

— Ainsi vous ne vous êtes jamais dit qu'on pourrait perfectionner vos fromages.

— Pardon, à mesure que nous avons aperçu quelque défaut dans notre fabrication, nous nous sommes demandé de quelle cause il pouvait provenir, et nous avons détruit cette cause quand cela nous a été possible.

Par exemple, je me suis dit que le fromage est dur et grumeleux quand on fait trop cailler le lait, et j'ai diminué la quantité de présure.

Ainsi nous nous sommes dit que si les fromages ne s'égouttent pas suffisamment avant de *passer* ou *affiner*, ils sont amers, et nous avons laissé nos fromages plus longtemps dans le *séchoir*

Ils se sont mieux égouttés et desséchés.

— Nous reconnaissons que par une *chaleur étouffée*, les fromages fermentent et se ramollissent; nous nous sommes abstenus d'ouvrir aussi souvent la *cave* (ou *raffinoir*).

aéré. Ils ont mieux séché.

— Nous avons reconnu que par une *chaleur étouffée*, les fromages fermentent et se ramollissent; nous avons évité d'ouvrir aussi souvent la *cave* (ou *raffinoir*).

Il est plus difficile de réussir régulièrement lorsqu'on n'a pas une fromagerie bien installée. Cependant, avant que la nôtre fut établie, nous faisions de bons fromages que nous mettions à s'égoutter dans le hangar ou dans la ferme, suivant la saison, et à passer dans la litière de l'étable ou dans des boîtes entre des lits de paille.

Participe passé conjugué avec AVOIR (suite).

DEVOIRS.

188. Copier le quarante-troisième exercice.

189. Écrire en une colonne toutes les phrases où il se trouve des participes passés avec *être* (excepté celles qui ont des verbes pronominaux).

190. Écrire en une colonne toutes les phrases où le participe passé avec *avoir* est précédé de son régime direct.

191. Écrire les phrases où le participe passé avec *avoir* n'est pas précédé d'un régime direct.

192. Écrire les phrases où il se trouve des participes passés de verbes pronominaux directs.

193. Écrire celles où il se trouve des participes passés de verbes pronominaux indirects.

194. Mettre le pluriel en regard de chaque phrase au singulier et le singulier en regard de celles au pluriel pour le n° 189.

195. Même travail pour le n° 190.

196. Même travail pour le n° 191.

197. Même travail pour le n° 192.

198. Même travail pour le n° 193.

QUARANTE-TROISIÈME EXERCICE.

LE CHANVRE.

Suivant que le chanvre est semé plus ou moins épais, il donne des tiges plus ou moins fines, et les fibres de la filasse seront aussi plus ou moins fines. Avez-vous semé clair, en terre profonde et grasse, vous aurez ces gros et grands chanvres dont les fortes fibres sont recherchées pour les cordages. J'ai vu sur les bords de la Loire des chanvres qui étaient élevés comme des arbres et gros comme des branches de jeunes saules.

Les avez-vous semés serrés, vous aurez ces chanvres fins comme de fin lin, dont on fait de belles et bonnes toiles. La culture du chanvre peut être répétée vingt ans de suite sur le même terrain. Il n'en est pas ainsi pour le lin.

Du reste, le lin et le chanvre ne peuvent être comparés que pour leurs fibres textiles et leurs graines qui renferment de l'huile. Ces deux plantes sont fort éloignées l'une de l'autre au point de vue de l'ensemble des caractères et de la fleur.

Vous avez admiré les fleurs du lin, si délicates de forme et de nuance, et vous avez sûrement remarqué les grappes de fleurs verdâtres du chanvre.

Celles du lin, vous les aurez comparées à un petit œillet. Les botanistes n'ont pas regardé le lin et l'œillet comme frères, mais ils les ont considérés comme voisins et presque parents.

Les grappes du chanvre, vous les aurez trouvées semblables à celles des orties, et vous ne vous êtes pas trompé, chanvre et ortie sont de la même famille pour les fleurs. Vous n'avez pas oublié peut-être que certaines toiles claires et raides, telles que celles qu'on emploie pour les garde-manger, sont appelées toiles d'ortie. Les fibres de la grande ortie donnent du fil comme celles de son cousin le chanvre.

Je veux vous rappeler une particularité de ces plantes: certains pieds ne portent pas de graine, c'est le chanvre mâle;

6.

les autres pieds portant graines sont nommés chanvre femelle. Ce ne sont pas deux espèces de chanvre ; la graine
recueillie sur le même pied donne chanvre mâle et chanvre
femelle, comme les œufs de la même poule donnent coqs et
poules.

On arrache d'abord tous les brins de chanvre mâle, ils sont
mûrs les premiers, les autres se trouvent éclaircis et la graine
en mûrit mieux.

Pourquoi met-on le chanvre et le lin rouir dans les rivières
ou les mares ? parce que les fibres de ces plantes sont réunies
entre elles par une sorte de matière gommeuse qui se dis-
sout à l'eau.

Cette opération de rouissage rend les eaux malsaines. On
a essayé de la faire dans des cuves, c'est peu usité encore.

Après que le lin et le chanvre ont roui assez longtemps,
on les fait sécher en paquets qu'on dresse debout. Puis on
passe au four pour achever de dessécher la *chènevotte,* sorte
d'écorce qui enveloppe les fibres. Reste le travail du broyage
et du teillage. C'est long avec les procédés employés dans
les fermes, mais on a les soirées d'hiver et les jours de pluie
ou de frimas.

Dans quelques villages le lin et le chanvre sont broyés et
teillés dans de grandes réunions qui sont des occasions de
plaisir. Ces fêtes du travail sont belles lorsque la bonne
amitié et la gaîté les animent. Elles sont rarement sans abus.

Du reste beaucoup d'autres travaux peuvent être faits
l'hiver. Il est peut-être plus avantageux de vendre chanvre
et lin aussitôt récoltés. Les grandes filatures font usage pour
les préparer de machines mues à la vapeur, dont le travail
est plus économique et meilleur. Nous ne vivons plus au
temps où la toile de chaque ménage s'était filée en famille.
Nous avons presque oublié le rouet qu'ont tourné nos grand'
mères, l'été au soleil devant la porte, l'hiver au feu devant
la grande cheminée.

Participe passé. — Récapitulation.

DEVOIRS.

199. Copier le quarante-quatrième exercice.

200.
201.
202.
203.
204.
205. } Même travail qu'aux n°s 189 et suivants.
206.
207.
208.
209.

QUARANTE-QUATRIÈME EXERCICE.

RÉCOLTE DU COLZA.

Madeleine s'était donné beaucoup de peine pour cultiver son colza. Il lui aurait donné abondante récolte, si les espérances qu'il avait données jusqu'à la fin avaient pu se réaliser.

Mais la pauvre femme n'avait jamais cultivé de colza, elle s'était figuré qu'on doit attendre pour le couper que les siliques soient dorées comme des épis de blé. Un lundi elle s'était promenée autour de son champ, et elle s'était rassurée sur ce que tout était encore vert. Le jeudi elle était retournée. Il était survenu des changements déconcertants. Beaucoup de siliques s'étaient ouvertes au soleil, d'autres avaient ouvert à demi un de leurs côtés, le sol était couvert d'une grêle de belles graines noires qui ressortaient sur la teinte grise de la terre desséchée.

Quel malheur, s'était écriée Madeleine ; et vite elle avait crié à ses fils d'accourir et ses fils étaient arrivés avec leurs faucilles qu'ils avaient préparées pour le lendemain. Ils avaient coupé le colza en toute hâte, et à mesure que les pieds étaient coupés, ils les avaient chargés dans une charrette. Le lendemain ils avaient attelé leurs bœufs et la charrette avait été amenée sur l'aire, on avait battu le colza. Mais hélas ! la route qu'avait suivie la charrette aurait pu être reconnue par la trace de petites graines noires qu'elle avait semées en roulant, comme autrefois le petit Poucet avait semé des cailloux pour reconnaître son chemin dans la forêt.

D'autres graines s'étaient enfoncées dans le sol de l'aire, de sorte qu'il n'en entra pas dans le grenier le quart de ce qui aurait dû y être ramassé.

Il était arrivé bien des ennuis et contrariétés à Madeleine depuis qu'elle était arrivée veuve dans cette ferme. Elle s'était habituée à les supporter et elle avait accoutumé ses enfants à ne pas se décourager, lors même que les contrariétés étaient venues de leur faute, mais plutôt à prendre les moyens de ne pas se les attirer une autre fois.

Aussi lorsqu'ils 'se furent aperçus qu'ils avaient mal récolté leur colza, au lieu de s'être irrités contre eux-mêmes, contre le colza et contre toutes choses, ainsi que l'auraient fait beaucoup d'autres, ils s'étaient dit : Allons chez les voisins qui ont cultivé du colza avant nous, ils ont sûrement trouvé le moyen de mieux faire. Il eût mieux valu prendre conseil avant le malheur qu'après, mais encore était-il sage de s'instruire pour une autre fois.

Ils s'étaient rendus chez les voisins, et voici ce qui leur avait été expliqué.

— Nous avons coupé nos colzas huit jours avant le vôtre, et cependant ils ne sont pas encore battus. Nous les avions coupés avant qu'ils eussent achevé de mûrir, de sorte que les graines ne s'étaient pas détachées pendant ce travail. Nous avions fait de petits tas que nous avions liés avec deux brins de colza, pris dans le milieu de la hauteur et noués sur le sommet. Le colza avait achevé de mûrir ainsi. Les tourterelles et les linots en avaient bien mangé un peu et quelques siliques s'étaient ouvertes au soleil, mais ce n'était rien en comparaison de ce qui est perdu lorsqu'on coupe assez tard pour que le colza soit battu immédiatement.

Puis lorsqu'il s'était agi de battre, on avait pris beaucoup de précautions. Une grande bâche, ou aire en toile, avait été apportée sur le champ même. (On avait eu soin d'étendre d'abord un lit de paille sur la terre où elle serait placée, afin que la toile fût moins usée et moins mouillée que si elle eût reposé sur le sol inégal.) On s'était servi, pour apporter les tas de colza sur la bâche, de sortes de civières ou brancards à fond de toile, sur lesquelles les tas étaient déposés fort doucement. De cette sorte les graines qui tombaient n'étaient pas perdues.

— Mais, avait ajouté le voisin, vous avez encore à craindre quelque chose pour le colza que vous avez recueilli. N'a-t-il point déjà fermenté dans le grenier ?

Ils se hâtèrent d'aller s'en assurer. Les graines mises en tas comme du blé, s'étaient légèrement échauffées ; quelques jours plus tard elles auraient été perdues.

— Remuez-les vite, et vous les remuerez encore tous les deux jours jusqu'à ce qu'elles soient bien séchées, dirent les voisins; sinon la graine se serait gâtée, elle serait devenue grise, puis blanche. Elle se serait retraite, et elle contiendrait beaucoup moins d'huile.

— Il est bon de laisser environ un tiers des siliques mêlées aux graines, qui ainsi sont moins *massées* dans les tas. L'air y circule un peu, et la fermentation serait moins prompte.

— Cependant que vos tas soient toujours peu épais, qu'ils soient remués soigneusement. Il a suffi souvent de quelques jours d'oubli pour diminuer de moitié la valeur d'une récolte qu'on croyait sauvée parce qu'elle était dans les greniers.

OBSERVATIONS

SUR L'EMPLOI DU MODE SUBJONCTIF.

En général, on emploie le subjonctif :

1° Après les verbes qui marquent le doute, le désir la crainte, le commandement. *Ex.* :

> *Je doute*}
> *Je désire*} *que vous réussissiez ;*

2° Après les verbes accompagnés d'une négation.
Ex. : Je ne pense pas que vous réussissiez ;

3° Après les verbes unipersonnels. *Ex. : Il faut que vous réussissiez ;*

4° Après certaines conjonctions composées, comme : *afin que, pour que, pourvu que, de crainte que.*

EMPLOI DES TEMPS DU SUBJONCTIF.

Pour savoir quel temps du subjonctif on doit employer, il faut faire attention à quel temps est le verbe principal et quelle époque on veut exprimer par rapport à ce verbe principal :

1° Quand le verbe principal est au présent ou au futur, on emploie le présent du subjonctif. *Ex. :*

Il faut \
Il faudra } *que je laboure ;*

2° Quand le verbe principal est à l'imparfait, à l'un des parfaits ou des conditionnels, on emploie l'imparfait du subjonctif. *Ex. :*

Il fallait \
Il faudrait } *que je labourasse.*

Toutefois le présent et l'imparfait du subjonctif ne s'emploient dans ce cas, que si on veut exprimer un temps présent ou futur par rapport au verbe principal.

Si on voulait exprimer un temps passé par rapport à ce verbe principal, on emploierait le parfait du subjonctif, au lieu du présent, et le plus-que-parfait au lieu de l'imparfait. *Ex.: Je crains que tu n'aies labouré hier, je craignais que tu n'eusses labouré hier.*

Emploi du mode subjonctif et choix des temps de ce mode.

DEVOIRS.

210. Copier le quarante-cinquième exercice et souligner les verbes au mode subjonctif.

211. Écrire tous ces verbes en les faisant précéder du verbe dont ils dépendent.

MODÈLE.

Il faut   que   *tu aies.*
Attends que   *tu voies.*

212. Mettre tous ces verbes principaux à un temps qui exige le présent du subjonctif pour le verbe dépendant.

213. Mettre ces mêmes verbes principaux à un temps qui exige l'imparfait du subjonctif.

214. Analyser tous les verbes du quarante-cinquième exercice.

QUARANTE-CINQUIÈME EXERCICE.

LES FOINS.

Si tu veux avoir de bon foin, il faut que tu aies soin de faucher tes prairies pendant que l'herbe est en fleur. N'attends pas que tu la voies sécher sur pied, elle aurait perdu alors la plus grande partie de ses qualités ; ton foin vaudrait moins que de la paille.

Le matin, quand tu fais le tour de ta prairie, passe la main sur les graminées qui la composent ; si elles laissent échapper en une abondante poussière le *pollen* de leurs étamines, c'est qu'elles sont fleuries, il est temps de faucher. Dans quelques jours il serait trop tard.

Sais-tu ce qui arrive lorsqu'une plante se défleurit et que les graines commencent à se former ? Toute la sève abandonne peu à peu la tige et les feuilles pour se porter vers la semence. Les herbes qui ont grainé ne peuvent donc faire qu'un foin peu nourrissant.

Il est important que tu fauches au ras du sol pour que tu

aies cette multitude de petites plantes qui s'élèvent peu au dessus de la terre. C'est au pied que le foin est le plus épais.

Il conviendrait que l'herbe fût laissée en andains environ un jour pour que le foin eût plus de saveur et plus de parfum.

S'il pleut, elle est mieux ainsi que si elle avait commencé à sécher. Du moment où elle aurait été fanée, il faudrait qu'elle séchât le plus promptement possible.

Aie soin qu'on la secoue sur la fourche, qu'on la tourne et retourne deux ou trois fois par jour lorsque le temps est chaud.

Le soir il faudra faire de petits tas de deux ou trois fourchées et prendre soin de râteler autant que possible, afin que le foin ne blanchisse pas à la rosée. Tiens à ce qu'il ait belle couleur, surtout si tu veux le vendre.

Avant que le foin soit trop sec, mets-le en grosses meules sur la prairie, pour qu'il sue un peu et acquière de la qualité par cette légère fermentation.

Mais souviens-toi qu'il n'en acquiert pas s'il est entassé trop vert. Alors il pourrait plutôt s'altérer et pourrir. Il faut donc que tu prennes bien soin de surveiller le degré de dessiccation auquel on doit s'arrêter. Pour cela tords entre tes doigts quelques-unes des plus grosses herbes. Si les tiges ne sont plus humides à l'intérieur, le foin est suffisamment sec.

Au bout de quelques semaines, tu le mettras définitivement en meules dans le voisinage de la ferme. Que ces meules soient coniques ou *carrées*, peu importe, pourvu qu'elles soient solidement établies, bien tassées, et que la pluie ne puisse y pénétrer.

Je ne crains pas que tu coures les risques de laisser donner ton foin à discrétion dans l'étable, tu le feras plutôt botteler à mesure qu'il devra être logé dans les greniers, afin qu'il puisse être distribué régulièrement. Autrement ton foin court le danger d'être consommé rapidement.

S'il arrive qu'un peu de poussière se soit formée dans le tas, il faudrait que le foin fût secoué soigneusement pour qu'elle s'en échappât; c'est une sorte de moisissure produite par l'humidité, peut-être par une légère pluie qui serait survenue pendant la mise en meule. Les moisissures sont des sortes de champignons, elles sont toutes plus ou moins malfaisantes.

Si je ne t'ai parlé ni des faucheuses qui coupent le foin plus vite que dix faulx bien menées, ni des faneuses mécaniques faisant marcher jusqu'à douze fourches à la fois, ni des râteaux à cheval râtelant des espaces aussi larges que six râteaux à main, c'est qu'il est à craindre qu'on n'aille trop vite, même dans la meilleure voie.

Pour que les grandes machines agricoles soient avantageuses, il faut : 1° que la ferme où on les emploie soit assez importante pour les utiliser; 2° que le cultivateur ait le moyen de se les donner.

En attendant que tu en sois là, il est mieux que tu te serves de la faulx et de la fourche.

La faulx a cependant l'inconvénient de fatiguer beaucoup les hommes. Ce mouvement violent des bras et du corps est très-pénible. Il serait à désirer qu'on pût employer des machines pour tous ces travaux qui exigent une grande dépense de force.

Les faucheurs doivent travailler le matin de bonne heure, alors que rafraîchie par la rosée de la nuit, l'herbe se redresse plus ferme et se coupe mieux. Lorsqu'elle s'affaisse fatiguée par la chaleur, elle est plus molle et se coupe moins bien.

Les faucheurs se reposeront pendant les heures les plus chaudes, mais qu'ils n'aillent pas rechercher la fraîcheur sous les saules au bord des ruisseaux, ou l'ombre des ifs et des pins, s'il s'en trouve dans le voisinage; la fraîcheur trop grande et l'ombre trop froide sont dangereuses après de tels travaux, si dangereuses qu'on meurt quelquefois pour s'y être exposé.

ADVERBES.

L'*adverbe* se joint à un verbe, à un adjectif et même à un autre adverbe, pour en modifier ou particulariser le sens. *Ex.* : Tu travailles *bien*, il est *bien* bon, il marche *bien* doucement.

PRÉPOSITIONS.

La *préposition* établit un rapport entre deux mots ou groupes de mots. Elle se place avant les noms, les pronoms et les verbes à l'infinitif.

Les compléments indirects se forment ordinairement à l'aide d'une préposition. *Ex.* Il monte *à* cheval, nous parlons *de* vous.

ADVERBES.		PRÉPOSITIONS.
ailleurs	loin	à
alors	maintenant	après
assez	même	attendu
aujourd'hui	mieux	avant
auparavant	moins	avec
auprès	ne	chez
aussi	où	contre
aussitôt	partout	dans
autant	pas	de
autrefois	point	depuis
autrement	peu	derrière
beaucoup	plus	dès
bien	plutôt	devant
bientôt	presque	durant
combien	quelque	en
comment	souvent	entre
davantage	tant	envers
dedans	tantôt	hormis
dehors	tard	hors
déjà	toujours	malgré
demain	tout	moyennant
désormais	très	nonobstant
dessous	trop	outre
dessus	volontiers	par
dorénavant	y	parmi
encore	vite	pendant
enfin	admirablement	pour
ensemble	bonnement	sans
ensuite	cordialement	sauf
fort	dévotement	selon
guère	élégamment	sous
hier	familièrement	suivant
ici	et la plupart des	sur
jadis	mots en *ment*,	touchant
jamais	dérivés d'un ad-	vers
là	jectif.	vis-à-vis

Il y a en outre des adverbes, des prépositions et des

peut-être	loin de
tout à coup	quant à
tout à fait	jusqu'à

CONJONCTIONS.

La *conjonction* joint des membres de phrases, ou des parties semblables *d'un* même membre de phrase. *Ex.* : Le cheval *et* l'âne trottent, le cheval hennit *et* le bœuf beugle.

INTERJECTIONS.

L'*interjection* est un cri ou une exclamation.

CONJONCTIONS.

ainsi

car

cependant

comme

donc

enfin

et

lorsque

mais

néanmoins

ni

or

ou

pourtant

quand

quoique

si

sinon

conjonctions composées :
parce que
avant que
au reste

INTERJECTIONS.

ah ! ah !

aie !

fi !

hélas !

ho ! oh ! ô

holà !

hé bien !

paix !

Mots invariables.

DEVOIRS.

215. Copier les deux premiers alinéas du quarante-sixième exercice. En écrire les verbes et les adjectifs avec les adverbes qui les accompagnent, et souligner l'adverbe.

> Tout pousse *vite*.
> Je croirais *volontiers*.

216. Copier les troisième, quatrième et cinquième alinéas. Écrire les prépositions qui s'y trouvent avec les mots entre lesquelles elles marquent le rapport.

Prépositions.

> La houe à cheval.
> Réglons la houe à cheval avant de la faire marcher.

217. Copier les sixième et septième alinéas en soulignant les conjonctions.

218. Copier le huitième alinéa en soulignant les interjections.

219. Faire avec tous les exercices des devoirs analogues.

QUARANTE-SIXIÈME EXERCICE.

SARCLAGES ET BINAGES.

Voici la saison où tout pousse vite; je croirais volontiers que les mauvaises herbes comprennent bien qu'on ne les laissera pas vivre longtemps; elles se hâtent de grandir, de fleurir et de grainer. Prenez garde, elles sont déjà fortes entre vos lignes de carottes, de betteraves et de pommes de terre, elles envahiront bientôt tout le terrain, sans pitié pour les plantes qu'elles étouffent.

Faites marcher dès aujourd'hui la houe à cheval, demain il serait peut-être trop tard. Les cultures étiolées sont fort difficiles à *ramener*. Ne tardez point, faites venir promptement la houe, je vous attends là pour que nous commencions ensemble.

Réglons la houe à cheval avant de la faire marcher. Ouvrons-la plus ou moins selon l'espacement des lignes de betteraves; avec cette précaution les couteaux ne couperont et n'arracheront que les mauvaises herbes.

Le petit soc qui est devant les couteaux binera le sol; vos plantes sarclées vont prospérer à vue d'œil après ce travail.

Dans une quinzaine de jours, les mauvaises herbes vont se montrer encore; dès que vous les verrez, binez encore, binez toujours, sans craindre votre peine. C'est à cette condition seulement que vous aurez de belles racines, et que cette sole donnera le résultat qu'on en attend. N'oubliez pas que ce sont des *plantes sarclées* et qu'elles doivent nettoyer le sol pour les cultures suivantes.

Il y a des cultivateurs qui craignent de biner lorsque le temps est sec; car, disent-ils, la terre se dessècherait davantage, si elle était plus meuble.

Ils se trompent cependant et je vais vous le faire comprendre. Ce matin il est tombé une petite pluie qui a mouillé la grand'route aussi bien que votre champ. Où la pluie s'est-elle séchée le plus vite? Dans votre champ ou sur la grand' route? Il y a longtemps que la route est sèche, n'est-ce pas? et la terre du champ est encore humide, parce que l'eau l'a pénétrée au lieu de demeurer à la surface comme sur le chemin où le soleil l'a bue; mieux l'eau s'y infiltrera moins vite le soleil la boira.

Ah! que de choses à expliquer! que d'erreurs à détruire! Eh! bien c'est à vous qui êtes jeunes qu'il convient d'étudier, d'observer, d'écouter les bons avis. Si vous étiez routiniers, ignorants, fi donc, ce serait bien lâche.

REMARQUES SUR CERTAINS MOTS.

Noms.

1. *Aïeul* fait au pluriel: *aïeuls*, quand il signifie *grands pères* et *aïeux* quand il signifie *ancêtres. Ex.:* Mes deux *aïeuls* étaient laboureurs; tous mes *aïeux* l'ont été depuis un siècle.

Ciel fait *cieux* au pluriel, excepté dans les expressions telles que les suivantes : des *ciels* de lit, des *ciels* de tableaux, les *ciels* (climats) de l'Europe.

OEil fait *yeux* au pluriel, excepté dans les expressions suivantes : un *œil* de bœuf, des *œils* de bœuf; un *œil* de perdrix, des *œils* de perdrix, et autres analogues.

2. *Gens* est un nom masculin pluriel (il ne s'emploie pas au singulier). Les adjectifs qui s'y rapportent devraient donc toujours être au masculin. Par exception, cependant, on met au féminin ceux qui le précèdent, dans quelques expressions telles que les suivantes : Les *bonnes* gens, toutes les *vieilles* gens, *certaines* gens.

3. On appelle *noms composés* ceux qui sont formés de deux ou plusieurs mots ordinairement réunis par des tirets. *Ex.: chou-fleur*, *pied-à-terre*.

Dans les noms composés, les noms et les adjectifs prennent seuls la marque du pluriel; les autres mots restent invariables.

Pour savoir si on doit faire varier les noms et les adjectifs qui entrent dans la formation d'un nom composé, il faut se rendre compte du rôle qu'ils y jouent et voir s'ils admettent l'idée de pluralité.

1° Ainsi on dira :   ANALYSE.

Une *plate-bande*, des *plates-bandes*,	*bande*, nom fém. *plate*, adj. se rapportant à *bande*.	prennent tous deux la marque du pluriel.
Un *passe-partout* des *passe-partout*	clefs qui *passent partout*. *passe*, verbe, et *partout*, adv., rest. invariables.	
Un *serre-tête* des *serre-tête*	bonnets qui serrent la tête. *serre*, verbe invar., *tête*, nom, reste au sing.	

2° Quand le nom composé est formé de deux noms unis par une préposition, en général le premier prend seul la marque du pluriel. *Ex. :* Un *arc-en-ciel*, des *arcs-en-ciel*

Adjectifs.

4. *Benit*, *bénite*, ne se disent que des objets consacrés par des cérémonies religieuses. *Ex.:* Pain *bénit*, eau *bénite*, la terre du cimetière est *bénite*.

Dans les autres cas, on emploie *béni*, *bénie*. *Ex.:* C'est un peuple protégé, *béni* du ciel; la terre de France est *bénie* (fortunée).

5. L'adjectif *nu* est invariable quand il précède un nom employé

sans article et variable dans les autres cas. *Ex.*: *nu-pieds, pieds-nus, nu-tête, tête nue,* la *nue propriété.*

L'adjectif *demi* est invariable devant le nom. *Ex.* : Une *demi-heure.*

Placé après le nom, *demi* s'accorde en genre seulement. *Ex.* : Deux heures et *demie.*

Demi et *demie* employés comme noms, sont variables. *Ex.* : Deux *demis* font un entier.

Remarque. Nu et *demi* invariables devant un nom, lui sont toujours unis par un tiret (-). *Ex.*: *nu-tête, demi-mètre.*

Déterminatifs.

6. On n'emploie pas l'article devant un nom pris dans un sens partitif et précédé d'un adjectif. *Ex.* : Voici *de* grande orge, et non *de la* grande orge; voici *de* beau blé, et non *du* beau blé.

7. *Cent* au pluriel, c'est-à-dire lorsqu'il y a plusieurs cents, et *vingt* dans *quatre-vingt* ne prennent un *s* que quand ils ne sont pas suivis d'un autre nombre.

8. *Mille,* déterminatif numéral, est invariable. *Ex.* : Six *mille* francs. Il s'écrit *mil* dans la désignation des dates de l'ère chrétienne. *Ex.*: En *mil*-huit-cent. *Mille,* mesure itinéraire, est un nom et est variable.

9. Il faut distinguer *même* adjectif, de *même* adverbe. Ordinairement *même* est adverbe lorsqu'il signifie *aussi* (exceptions).

On écrira : Les *mêmes* habits *mêmes* adjectif,
elles-*mêmes* *mêmes* adjectif,
ils se plaignent *même* en dormant *même* adverbe.

10. Il faut distinguer *quelque* déterminatif de *quelque* adverbe. *Quelque* est déterminatif lorsqu'il peut être remplacé par un autre déterminatif, tel que *plusieurs, combien de,* etc. *Ex.* : *quelques* mauvaises herbes; *quelques* bons laboureurs que vous ayez.

Quelque est adverbe lorsqu'il peut être remplacé par un autre adverbe, tel que *si, tout,* etc. Dans ce cas il est ordinairement suivi de *que.* c'est-à-dire

Ex.: *quelque* habiles que vous soyez *si* habiles *que* vous soyez
quelque bons laboureurs que v. soyez *tellement* bons laboureurs *que* vous soyez.

Quel que (écrit en deux mots) se compose de l'adjectif *quel* (variable) et de la conjonction *que*. *Ex.* : *quel que* vous soyez, c'est-à-dire *quel* homme *que* vous soyez ; *quelle que* vous soyez, c'est-à-dire *quelle* femme *que* vous soyez.

11. Il faut distinguer *tout* adjectif et déterminatif de *tout* adverbe. On reconnaît que *tout* est adverbe lorsqu'on peut le remplacer par un des adverbes *tout à fait*, *quelque*, etc.

Ainsi on écrira :   selon qu'on voudra dire :

Elles sont *tout* étonnées   Elles sont *tout-à-fait* étonnées
        ou   ou
Elles sont *toutes* étonnées   *toutes* sont étonnées.

Tout, quoique adverbe, varie quand il est suivi d'un adjectif *féminin* commençant par une consonne ou par un *h* aspiré. *Ex.* : Elle est *toute* honteuse ; *toutes* faibles qu'elles sont, etc.

12. *Chaque* est déterminatif et s'emploie devant les noms. *Chacun* est pronom et s'emploie à la place du nom. *Ex.* : *Chaque* livre coûte 5 francs ; ces livres coûtent 5 francs *chacune*.

Pronoms.

13. *Leur* est déterminatif possessif et variable devant un nom. *Ex.* : *Leurs* bestiaux.

Leur est pronom personnel devant un verbe et ne prend jamais d'*s*. *Ex.* : Nous *leur* parlerons.

14. Lorsque *nous* et *vous* s'emploient pour remplacer un nom singulier, les verbes dont ils sont sujets se mettent au pluriel, mais tous les autres mots qui s'y rapportent restent au singulier. *Ex.* : *Nous*, soussigné, Jean ; *vous* êtes sage, ma fille.

15. Les pronoms conjonctifs *qui* et *que* doivent être autant que possible placés près des mots qu'ils représentent : *Ex.* : Il y a dans ces champs plusieurs sillons *qui* sont mal labourés ; et non : il y a plusieurs sillons dans ces champs *qui* sont mal labourés.

Mots invariables.

15. *Plus tôt* signifie plus vite ; c'est l'opposé de *plus tard* ; *plutôt* marque la préférence, l'opposition. *Ex.* : Commencez *plus tôt* que *plus tard* ; reposez-vous *plutôt* que de mal travailler.

17. *Près de* signifie *proche de* ; *prêt à* signifie *disposé à*. *Ex.* : Lorsqu'il fut *près de* la ville, il se sentit *prêt à* défaillir ; *près de* est préposition ; *prêt à* adjectif variable.

18. *Parce que* signifie *attendu que*; *par ce que* signifie *par la chose que.* *Ex.* : Il travaille *parce que* c'est nécessaire ; il commence *par ce que* nous disions hier (par la chose que nous disions).

19. *Quoique* conjonction signifie *bien que*; *quoi que* signifie *quelque chose que.* *Ex. :* *Quoique* vous disiez la vérité, on ne vous croira pas; *quoi que* vous disiez, on ne vous croira pas, si vous avez menti une fois (quelque chose que vous disiez).

20. *Quand* est conjonction et signifie *lorsque*; *quant à* est une préposition qui signifie *à l'égard de.* *Ex.* : Fauchez *quand* les graminées sont en fleur; *quant* aux autres herbes, elles sont alors pour la plupart défleuries.

Remarques sur certains mots.

DEVOIRS.

220. Pourquoi écrit-on *aïeuls* et non *aïeux* dans la première phrase du quarante-septième exercice ?

221. Pourquoi met-on au pluriel les deux mots composant *grand-père, belle-mère* ?

222. Pourquoi dans *arcs-en-ciel*, ne met-on la marque du pluriel qu'au mot *arc* ?

223. Écrivez au singulier en une colonne tous les noms composés du quarante-septième exercice.

224. Écrivez-les en regard au pluriel.

225. Dans le septième alinéa, pourquoi ne dit-on pas : *les vieux gens sont défiantes* ?

226. Dit-on *tous les vieux gens* ?

227. Pourquoi *demi* est-il invariable dans les *e*dixième et vingt-cinquième alinéas ?

228. Que direz-vous de *cent* et de *quatre-vingt* dans le onzième alinéa et les suivants ?

229. Pourquoi *cent* est-il écrit sans *s* dans le quinzième alinéa ?

230. Que dites-vous de *mille* dans le onzième alinéa et les suivants ?

231. Analysez *même* partout où il se trouve dans le seizième alinéa.

232. Même travail pour *quelque* dans les dix-neuvième et vingtième alinéas.

233. Même travail pour *tout* dans le vingt et unième alinéa.

234. Pourquoi dit-on *de bonnes machines* et non *des bonnes machines*, vingt-quatrième alinéa?

235. Pourquoi *leur* ne prend-il pas d'*s* dans le vingt-deuxième alinéa ?

236. Pourquoi le mot *quant* est-il écrit avec un *t* et non avec un *d*, dans le vingt-cinquième alinéa ?

7

237. Pourquoi *plus tôt* et *plutôt* dans les vingt-septième, vingt-huitième et vingt-neuvième alinéas?

238. Analyser *près* et *prêt* dans les trentième et trente et unième alinéas.

239. Pourquoi *béni* et non *bénit* dans le trente-troisième alinéa?

240. Copier le quarante-septième exercice.

QUARANTE-SEPTIÈME EXERCICE.

LA MOISSON.

1. — Coupez l'avoine, mes enfants, vinrent dire les deux *aïeuls*, elle est encore verte, mais elle mûrira en javelles. Si vous attendiez que la paille fût toute jaune, le grain se détacherait de lui-même, vous en perdriez une grande partie.

2. — Je connais cet inconvénient, ajouta l'un des *grands-pères*, ce n'est pas d'aujourd'hui que je vois de l'avoine dans ce pays et sous des *ciels* étrangers.

3. — Ce n'est pas d'aujourd'hui qu'on en cultive sur cette terre que nos *aïeux* ont tenue pendant près de *cent* ans, ajouta l'autre vieillard.

4. — Mais, dirent à la fois les deux belles-filles, le temps est-il sûr pour couper l'avoine? N'avez-vous pas entendu les *chats-huants* hier soir? c'est signe de pluie et d'orage.

5. — N'avez-vous pas vu les *arcs-en-ciel?* un hier soir, un ce matin? ajouta l'aïeule.

6. — Les *arcs-en-ciel* ne sont pas toujours des signes *avant-coureurs* du mauvais temps, répondit un des petits-fils.

7. — Les *vieilles gens* sont *prudents*, dirent les *grand'* *mères*.

8. Mais un peu de pluie sur l'avoine coupée ne lui fait que du bien. Le grain en grossit davantage, et l'avoine s'en bat mieux, ajoutèrent les *grands-pères*.

9. — Lorsqu'il s'agira de l'orge, reprit un des *beaux-frères*, ce sera différent; on doit éviter de la couper si on prévoit la pluie; elle s'échauffe et germe facilement. Cependant il faut craindre aussi de la laisser trop mûrir, l'épi se brise vite, surtout dans certaines espèces.

10. S'il survient de la pluie ou de l'humidité, quand l'orge est en javelles, et qu'il y ait ensuite un intervalle de beau

temps, ne fût-il que d'une *demi-heure*, on doit se hâter de retourner les javelles. Outre qu'elles s'aèrent ainsi un peu, le grain germe moins vite, quand on le change de direction.

11. — Lorsqu'on a de belle orge, elle rapporte plus que de bonne avoine. Vingt à quarante hectolitres par hectare, à soixante kilogrammes l'hectolitre, c'est en moyenne *douze cents* à *deux mille* quatre cents kilogrammes par hectare. Si on la vend cent cinquante francs les *mille* kilos, c'est environ trois *cents* francs par hectare, sans compter la paille.

12. — Elle se vend toujours bien, disent les *aïeuls*.

13. — J'en ai eu jusqu'à dix *mille* kilogrammes, en *mil* huit *cent* trente, sans en être embarrassé, continua l'un d'eux.

14. — En *mil* huit *cent*, elle valait cher à cause de la guerre.

15. — En *mil* sept *cent* quatre-*vingt*-neuf, tous les grains étaient chers aussi.

16. — Les mêmes orges sont d'un prix plus ou moins élevé, suivant que le vin ou le cidre sont plus ou moins rares. Du reste, même dans les départements qui fabriquent du vin, on fait aussi usage de bière. Les Normands, les Bretons *même* ont des brasseries. On peut donc toujours faire de l'orge.

17. — La culture de l'avoine serait-elle plus ou moins avantageuse que celle de l'orge?

18. — Le rendement en grain et en argent est à peu près le même, mais l'orge exige un terrain mieux préparé.

19. — Revenons à nos moissons, dit le beau-père. Pour le froment, on le coupe lorsque quelques épis ont des grains durs comme de la cire. *Quelques* savants agronomes veulent qu'on n'attende l'entière maturité que pour les grains de semence et qu'on coupe *plus tôt* les blés qui doivent être consommés en farine.

20. *Quelque* bons que soient leurs avis, prenons garde de couper trop tôt. *Quelle que* soit notre confiance en leurs théories, nous devons craindre de les appliquer avec exagération.

21. Dans certaines localités on coupe toute la paille *ras terre* pour tous les grains. *Tout* système peut avoir ses inconvénients; celui-ci donne plus de travail pour le battage, c'était

une difficulté sérieuse lorsqu'on battait au fléau. Maintenant que nous avons les machines conduites par des chevaux ou par la vapeur, *tout* énorme que soit la quantité à battre et *toute* longue que soit la paille, le travail en est peu augmenté.

22. Les cultivateurs qui coupent *leurs* pailles à moitié pour la moisson ont à la faucher ensuite par le pied, c'est double travail. Ils diront que cela se fait dans une saison où on est moins pressé, mais on peut *leur* répondre que la récolte des betteraves ou autres racines fourragères et la mise en silos qui se trouvent entre la récolte et les semailles ne laissent guère de temps libre. Dites-*leur* donc de moissonner par le pied. S'ils objectent que les javelles, se trouvant alors posées sur la terre, sont en de mauvaises conditions, répondez-*leur* que le chaume sèche moins vite que la terre rase et en temps de pluie conserve une humidité qui remonte jusqu'à la javelle.

23. — Allons, enfants, n'ayez peur ni des *chats-huants*, ni des *arcs-en-ciel*, prenez vos faucilles et allez à la moisson.

24. — Un temps viendra, dirent deux jeunes gens, ex-*sous-lieutenants* dans l'armée, où le grain ne sera plus scié à la faucille. Nous avons vu *près* des *chefs-lieux* où nous étions en garnison de bonnes machines qui fauchaient le blé comme le foin.

25. — Quant à celles qui ont travaillé dans les environs de notre *chef-lieu*, dirent les *grand'mères*, ce ne sont pas encore des *chefs-d'œuvre;* elles ne peuvent faire la javelle et on n'a qu'une *demi-récolte*, tant il se perd de grain.

26. — En attendant qu'elles se perfectionnent, usons de nos bras, dirent les jeunes gens, avant deux semaines et *demie*, la moisson sera faite, s'il plaît à Dieu de nous donner beau temps.

27. — Elle sera faite *plus tôt* si vous permettez que je vous aide, dit un tout jeune garçon, n'est-il pas temps que je travaille avec mes dix ans et *demi?*

28. — Tu nous gènerais *plutôt*, Maurice, nous serions obligés d'aller plus lentement pour ne pas te fatiguer.

29. — Eh bien! je commencerai *plus tôt*, et je finirai plus tard, pour faire mon sillon comme les autres, dit l'enfant d'un air résolu.

30.—Mais tu n'es pas *prêt* à commencer, avec tes pieds *nus*, la terre est dure.

31. — *Nu*-pieds, *nu*-tête, je suis *prêt*, suivez-moi de *près* si vous pouvez.

32. L'armée des moissonneurs suivit, la faucille au bras ; on fit halte sous un vieux châtaignier à l'entrée du champ.

33. « Mes amis, dit un des vieillards, nous avons labouré et semé, mais Dieu a *béni* la terre ; il a répandu la rosée et les pluies qui font germer la semence ; il a fait lever le soleil qui mûrit la moisson ; n'oublions pas de le remercier pour ses bienfaits, et souvenons-nous de faire un bon usage de ses dons. »

Remarques sur la ponctuation et la lecture.

1. Une *phrase* est un assemblage de mots qui forment un sens complet.

Une phrase commence toujours par une *grande lettre*.

2. Le *point* (.) se place à la fin d'une phrase.

On emploie le *point d'interrogation* (?), si la phrase est interrogative, et le *point d'exclamation* (!), si elle est exclamative.

3. Une phrase se compose quelquefois de deux ou plusieurs parties dont chacune présente un sens complet. Dans ce cas, on sépare ces parties par un *point-et-virgule* (;), ou même par une *virgule* (,), si elles ont peu d'étendue.

4. La *virgule* (,) sert aussi à séparer les parties semblables d'une même phrase, et à en grouper les mots d'après les rapports qui existent entre eux.

Il n'y a pas de règle absolue pour l'emploi de la virgule.

Dans la lecture d'une phrase on doit s'arrêter un peu à chaque virgule.

5. On emploie *deux points* (:) à la fin d'une phrase ou d'un membre de phrase qui annonce une citation ou une explication.

6. On place souvent des guillemets (« ... ») au commencement et à la fin d'une citation.

TABLE

152 TABLE.

Paris. — Imp. de W. REMQUET, GOUPY et Cie, rue Garancière, 5.

www.ingramcontent.com/pod-product-compliance
Lightning Source LLC
Chambersburg PA
CBHW070759290326
41931CB00011BA/2074